ちょっとマニアックな

図書館コレクション談義

内野安彦 編著

大学教育出版

はしがき

この本は、図書館と本屋さんが大好きな人に読んでもらいたい本です。上梓した理由は二つあります。一つは、これ以上、まちから本屋さんがなくならないことを祈って。もう一つは、図書館をまだ一度も使ったことのない人に、図書館サービスを少しでも知ってほしいからです。

ところで、図書館と本屋さんの違いって、わかりますか。そんなもの知っているよ、とお叱りを受けるかもしれません。でも、本当にわかっているでしょうか。なぜこんなことを冒頭に書いたかというと、図書館を使っている人は、実はそれほど多くないのです。嘘だ、と思われる方もいるでしょうね。確かに公共施設の中で、図書館はダントツに利用が多い施設であることは間違いありません。駅前のアクセスの良い、資料の充実した、しかも新設されたばかりの大きな図書館ともなれば、館内は終日、人で溢れています。

でも、その多くはリピーターです。要は、利用する人は頻繁に使いますが、使わない（使う必要のない）人は使わない、二極化した典型的な施設と言えます。もちろん、市区町村によって違いますが、市民の何割が図書館利用カードを持っているでしょうか。4～5割といったところが平均と言えます。そのうち、実際に1年に1回以上、図書館を利用している人の割合はさらに減ります。市民の2～3割程度だと思います。市民アンケートを実施して、図書館を使ったことのない人に、その理由を尋ねると、「図書館の場所がわからない」という回答すらあるのです。

全国の図書館員は、図書館サービス、図書館員の仕事を、ちゃんと知ってほしい、と日々、工夫を凝らし、知恵を絞り頑張っています。でも、なかなか届かないなぁ、と悩んでいます。図書館の棚が魅力あるものに見えないから図書館を使わない、という声もよく聞きます。事実、私がその一人でありました。また、図書館が実施する利用者アンケートの資料に関する質問に、「専門書が少ない」「読みたい本がない」という回答が多いのは、いずこの図書館も同じです。換言すれば、コレクション（蔵書）に満足していない、ということではないでしょうか。ならば、図書館のコレクションについて考えてみよう。そして、図書館サービスの在り方、書店と図書館の関係、ひいては出版文化も考えてみよう、というのがこの本の狙いです。

一言で、読者を主体に書店と図書館の違いを言えば、書店は本を買うところ、一方、図書館は本を読んだり借りたりするところと思いがちですが、それだけではありません。図書館は本を保存するところでもあるのです。この仕事はとても大切なことなのです。だから、自ずと書店の棚に並ぶ本と、図書館の棚に並ぶ本には違いがあるのです。いや、違っていなければならないのです。そんな両者の役割を考えたいのです。考えるとはいっても、高尚な論考は期待しないでください。この本は、図書館関係者だけではなく、関係者以外の方、図書館を使ったことのない方にも読んでいただきたく編んだものです。

公共図書館はどのようにして本を選んでいるのか。誰が選んでいるのか。購入費用はいくらなのか。一般の読者には謎だらけかもしれません。

まず、本の選書方法は、契約している本の納入業者の発行する書誌情報誌からの選択、書店の店頭での購入、書店や出版社がセレクトした現物からの選択、書評等を参考にした選択などさまざまです。もちろん、自治体の会計処理の違いや予算の多寡にも依ります。日々の出版情報に絶えず関心・注意を払っているのは言うまでもありません。

次に誰が選んでいるのか。それは図書館員の選書担当が行うところもあれば、全職員が選書に当たる図書館もあります。

さらに、その購入費用はどのくらいあるのか。現在、約3250館ある公共図書館の1館当たりの資料費予算は８７８万円余。20年前の約６割と減少しています。これは資料費ですから、雑誌や新聞の購入費用も含んでいますので、本の購入費用はそれらを差し引いた額となります。この予算額を多いと思うか少ないと思うか。読者によってさまざまな感想をもたれることでしょう。

この本は、選書方法や会計の仕組みをお知らせするものではありません。図書館員は誰もが読者に本を届けたいと思い本を選び、棚をつくっています。でも、現実には、施設や購入予算など、さまざまな制約があります。図書館には資料収集方針なるものもあります。この本は、選書論などという高尚なものではありません。こんな棚をつくった、またはつくってみたい、という気持ちを綴ったものです。図書館員には、コレクションづくりのひとつの考え方として、図書館利用者には、司書の棚づくりの思いが伝わればいいな、と願っています。

ちょっとマニアックな図書館コレクション談義　目次

第Ⅱ章　やっぱり、図書館員は本が好き

第Ⅰ章

図書館の選書をあらためて考えてみました

図書館は無料貸本屋なのでしょうか

2000(平成12)年に図書館界に衝撃が走りました。それは総合誌に掲載された1本の論文。林望「図書館は『無料貸本屋』か」(『文藝春秋』2000年)でした。

掲載誌が総合誌で、しかも大部数を誇る雑誌であったこともあり、世間の耳目が公共図書館の選書に集まりました。その後、楡周平「図書館栄えて物書き滅ぶ」(『新潮45』2001年)、続いて、三田誠広「図書館が侵す作家の権利」(『論座』2002年)と続きました。著名な作家が、しかも総合誌に図書館に関する論文を発表したことで、この期間、専門誌紙でも、かまびすしい議論になりました。

私はこうした議論への関心が次第に大きくなり、図書館情報大学大学院(現筑波大学大学院)に入学。出版流通と図書館のあり方を修士論文のテーマとし、以来、研究成果と言えるほどの実績は残せていませんが、研究テーマのひとつとして現在に至っています。

2001(平成13)年6月、社団法人日本ペンクラブが「著作者の権利への理解を求める声明」を発表。その中で「公立図書館の同一作品の大量購入は、利用者のニーズを理由としているが、実際には貸し出し回数をふやして成績を上げようとしているにすぎない。そのことによって、かぎられた予算が圧迫され、公共図書館に求められる幅広い分野の書籍の提供という目的を阻害しているわけで、出版活動や著作権に対する不見識を指摘せざるを得ない」など、課題を指摘しました。簡単に言えば、書店が平積みする旬のベストセラー本を、図書館が大量に購入し、貸し出すことが、公立図書館の目的なのでしょうか、という批判です。

こうした状況下、2003(平成15)年に、日本図書館協会と日本書籍出版協会が合同で、公立図書館貸出実態調査を実施しました。500自治体に調査協力を依頼し、85%にあたる427自治体(図書館数としては679館)が回答しました。

その結果、文芸ベストセラーの平均所蔵冊数は、政令指定都市では1館あたり4・2冊、人口10万人未満の小規模市で2・1冊と判明。批判されるほどの大量の複本(複数の同じ本)所蔵の実態はありませんでした。しかし、毎日出版文化賞や芸術選奨の受賞作となると、政令指定都市では1館あたり0・5冊、人口10万人未満の小規模市で0・3冊となり、歴史あるよく知られている賞の受賞作ですら、十分に所蔵されていないことがわかりました。確かに両賞は受賞作の内容や価格に差異があり、作品に応じて購入されている感が強いと思われます。

表1　平均所蔵冊数

自治体種別	自治体数	平均図書館数	人口1万人あたり図書館数	文芸ベストセラー	その他のベストセラー	芥川賞・直木賞	大宅賞	毎日出版・芸術選奨	翻訳・サントリー学芸賞	文庫
政令指定都市	3	14.3	0.1	4.2	2.7	2.3	1.0	0.5	0.2	0.3
小規模市（人口10万人未満）	119	1.1	0.2	2.1	1.6	1.4	0.5	0.3	0.1	0.1

（社）日本図書館協会・（社）日本書籍出版協会「公立図書館貸出実態調査2003報告書」2004年3月より一部抜粋

表2　芥川賞受賞作と芸術選奨受賞作の比較

賞	受賞作品名	所蔵冊数	1冊あたりの貸出回数*
芸術選奨	知の庭園―十九世紀パリの空間装置	44	5.5
芥川賞	しょっぱいドライブ	821	5.7

*総貸出冊数（貸出回数）÷総所蔵冊数

（社）日本図書館協会・（社）日本書籍出版協会「公立図書館貸出実態調査2003報告書」2004年3月を基に筆者作成

一例を挙げれば、1999(平成11)年の芸術選奨受賞作である、本体価格4200円の松浦寿輝の『知の庭園―十九世紀パリの空間装置』(筑摩書房　1998年)が、6・5％の44冊でしか所蔵されていないという事実です。価格は確かに安くはありません。個人が購入するには躊躇する価格かもしれません。しかし、図書館であれば、安価とはいえないまでも、この価格が選書上の議論となるものではないと思います。逆に、この価格が選書判断のブレーキとなるようでも困ります。著名な著者、人文系の大手出版社、そして文化庁主催の権威ある賞の受賞作という三拍子揃った著作です。その作品が、大半の図書館に所蔵されていないのです。ちなみに、同調査によると、この本の印刷部数はわずか2600部です。

では、この本と2002(平成14)年の芥川賞受賞作、大道珠貴の『しょっぱいドライブ』(文藝春秋　2003年)を同調査から比較してみましょう(表2)。この受賞作の所蔵冊数は821です。所蔵冊数は、先の『知の庭園―十九世紀パリの空間装置』の18・7倍です。ところが、1冊あたりの貸出回数を比較すると、大差がありません。

確かに、同調査の芥川賞と芸術選奨の受賞作の平均をとれば、世間の注目度どおり、芥川賞受賞作の貸出回数が芸術選奨受賞作を凌駕します。しかし、個々に見ていくと、こうした面白いデータが浮かび上がってきます。必ずしも、ベストセラー本が貸出の「優等生」とは言えないのです。

図書館に殺到するベストセラー本の予約と、それを極力待たせないで読んでもらいたいとする図書館の姿勢。利用者ニーズに応えるのは公共サービスとして図書館の当然の務めです。しかし、一時期に集中する利用者ニーズは、旬が過ぎれば一気に潮が引きます。その結果、大量の複本が閉架書庫（多くの図書館では、利用者が直接、本を手に取って見ることのできない書架）を占拠し、その後、一定の期間を経て大量の除籍資料となり、公共の「財産」が処分されます（処分と言っても、多くはリサイクルで利用者の元に還元）。

この調査で、「貸出と図書館のあり方」について、以下のようにまとめられています。

> 貸出と図書館のあり方については、「貸本屋化している面がある」という多くの指摘や「複本は抑制すべき」というそれ以上に多くの指摘がある。「貸出中心を見直す」「貸出中心ではない」などの主張もいくつか記述されている。一方、「貸出中心のサービスの重要性」を説く意見や「利用者ニーズの尊重」という多くの意見もある。「利用者がどのような経済的状況にあっても読書できるべきだ」という意見も少なからずあった。

双方の主張が、この調査で歩み寄ったという感じはしません。しかし、「今後の対応については、出版界や権利者との議論やこれまでの良好な関係の継続を重視する意見が非常に多かった」とあります。ところが、この十数年、こうした対応策が積極的に行われてきたでしょうか。そうは思えません。最近でも、論考として、「すさんでいく「公共図書館」」（『選択』２０１５年2月号）、「特集「出版文化」こそ国の根幹である」（『新潮45』２０１５年2月号）などが挙げられます。

また、「図書館は出版業界の救世主となり得るのか⁉」（日本出版クラブ主催）、「公共図書館はほんとうに本の敵？」（日本文藝家協会）等の講演やシンポジウムも行われています。ほかにも、全国紙で図書館の選書が話題になっています。「図書館」という文字が、雑誌や新聞の販促に繋がるのか、と感じるくらいです。

いかがですか。こういう議論がされていることをご存知でしたか。

私が問題の一つとして捉えたいのは、この「歴史」を図書館員は正確に学んでいるか、ということです。数十年前のことではありません。つい最近のことです。しかも、この論争は収束していません。

２０１１（平成23）年から２０１２（平成24）年にかけて、『出版ニュース』誌上で、図書館の選書が書店に及ぼす影響について、根本彰、田井郁久雄、松岡要などが、この問題について論文を掲載しています。しかし、どれだけの図書館員がこの記事を目にしているでしょうか。『出版ニュース』自体を所蔵している図書館は僅少です。一般読者に至っては「そんなこと知らないよ」と言われても仕方ありません。

この無料貸本屋論争は、出版界に比べて、図書館界において、かまびすしい議論が行われたという記憶がありません。この問題を出版界と図書館界だけの問題とせず、一般市民を巻き込んで議論することが必要だと思います。全国で、毎日、1店の書店が閉店しています。このことと図書館のベストセラー本の複本購入が関係ある、と短絡的に決めつけるものではありません。書店の閉店にはさまざまな要因が挙げられます。しかし、図書館はまったく無関係だとも思いません。要は年間8万点も新刊が発行されながら、どれだけ、読者にその情報を伝えられているか。それは出版文化を守り育てる書店と図書館が共に考えることだと思います。

図書館員の出版流通への関心を考える

私は出版界と図書館界は一心同体と思っています。図書館が扱う資料の大半は、出版界が生産する「本」によって成り立っています。しかし、公刊された図書館情報学のテキスト本で、出版流通について、十分な頁を割いているものはほとんどありません。私自身、司書資格を取得する際に出版流通について学んだ記憶はありません。

私は「日本で一年間に何点の新刊書が刊行されているか、ご存知ですか」と、図書館関係者が大半を占める研修会場でたびたび尋ねます。大学の授業でも学生に尋ねることがあります。学生は仕方ないにせよ、現職の図書館員の正答率が決して高くないというのはいかがなものでしょうか。

図書館員は、新刊点数を正確に知っていなければならない、と言うつもりはありません。しかし、出版流通全般に常に関心を持っていなければならない、とは思っています。鮮魚店の店頭で、売られている魚のことを尋ねて、「俺は知らない」と返答が返ってくるでしょうか。

大半を出版関係者が会場を埋めた講演に参加した際、講師を務めた出版関係の方が「図書館員は出版流通についてほとんど知らない」と発言されていました。残念ながら否定はできないと思います。

出版関係の逐次刊行物（定期刊行物）の誌数は多くありません。売れる雑誌ではないので、地方の中小書店では、まず見ることはできません。では、図書館ではどうでしょうか。『出版月報』『出版ニュース』などの逐次刊行物を収集している図書館は極めて珍しいというのが現状です。

数十誌しか購入予算がない財政規模の小さな図書館ならば、利用頻度の少ない雑誌は、どうしても所蔵されにくい傾向は否めません。しかし、数百誌購入できる予算がある図書館であれば、そのうちの1誌を、出版関係の逐次刊行物に置き換えることはできないものでしょうか。また、公共図書館は自治体を超えたネットワークを有するサービス機関です。せめて、県内の広域ブロックに1館は、図書館がそのような雑誌の「存在」を市民に周知する必要があるのではないでしょうか。

近年、書店が続々閉店しています。現在、300を超える市町村に書店がないのです。ということは、全市町村の約6分の1に書店がないということです。1999（平成11）年に約2万2300店あった書店は、現在、1万4000店を割りこんでいます。約8400店が消えたのではありません。新規出店もあるわけですから、閉じた書店はそれ以上あるということです。こうした現状を図書館員はしっかり把握してほしいのです。

図書についても同様です。特に『出版年鑑』『出版指標年報』は、出版統計の基礎的な参考図書です。しかも高価です。高価ということは個人的に所蔵することは困難。利用が有るか無いかではなく、一定規模以上の図書館であれば、所蔵してほしい資料の一つと考えます。

私は鹿嶋市でも塩尻市でも、図書館に着任した時点で、先述した『出版指標年報』を所蔵していなかったので、両図書館とも、新たにコレクションの一冊に加えました。どうしてここまでこだわるのかと言えば、これは先述したように、大学院での研究が大きく影響しています。あれがほしい、これがほしいなどとジャンルを挙げたら切りがありません。あくまで、出版と図書館という極めて密接な関係をもっと意識すべきではないか、という提案です。そこから、出版界と図書館の関係を考えよう、と思っているのです。

図書館の公共性を考える

図書館はどのようなミッションを持って経営されているのでしょうか。それは、自治体の基本計画に明記してあります。基本計画とは地方自治体のマニュフェストのようなもので、目標値として、貸出冊数を増やすこと、利用者を増やすこと、レファレンス件数を増やすことが多く見受けられます。

では、出版界は、どういう将来の姿を描いているのでしょうか。出版物の販売額を伸ばすこと、書店の経営が向上すること、書店の廃業を減らし、新規出店が増えることなどではないでしょうか。

図書館の利用者を増やすことは、現在、頻繁に来館されている利用者の来館回数を増やすことでしょうか。それとも1回あたりの貸出冊数を増やすことでしょうか。私はそれ以上に大切なことは、圧倒的多数の未利用者（潜在的利用者）を開拓することだと考えます。未利用者が新規登録してくれて、図書館サービスを享受する。この動きが広がれば自ずと貸出冊数は増えます。さまざまな利用者が図書館を使うようになれば、レファレンス件数も自ずと増えることになるでしょう。大切なのは、未利用者の関心・興味を引くことです。それは、これまでもイベントなどを通じて盛んに行われてきました。しかし、多くの図書館で頭打ちとなっているのではないでしょうか。

図書館の命は「資料」です。これに異論を唱える人はいないと思います。この資料について、未利用者はどのように理解しているかです。現在、図書館を年に1回以上利用している人は市民の3割程度です。図書館にまったく関心がない人もいるでしょう。図書館資料を閲覧・借受する必要のない人（資料は購入するという人も含む）もいます。しかし、動機づけ次第で、来館者となる潜在的利用者は相当いる、と考えます。図書館へのアクセス、家庭の状況など、個人や自治体の環境によって差異はありますが、私は図書館の「資料」の収集方針次第で、この未利用者にアプローチできると思っています。なぜなら、これまで、利用者開拓にさまざまな方策をとってきた図書館界で、あまり試みられてこなかったのが、コレクションによるアプローチだと思うのです。

ベストセラー本の複本は、必ずしも貸出冊数を伸ばすものではありません。むしろ、多種多様な本を収集し、未利用者の新規開拓をした方が貸出冊数は伸びます。

図書館がベストセラー本の複本購入を控えて、その分、隣接市町村の図書館が所蔵しない多種多様な（書店の在庫とできるだけかぶらない）資料を収集すれば、書店との競合を少しは減らすことができます。また、多種多様な資料を図書館が収集することで、利用者はそれだけ多くの情報と出会う機会を得ることになります。これは図書館の使命でもあります。なかには、借りて読むだけでは済まず、書店から購入する人も出てくるでしょう。また、従来、図書館が積極的に収集してこなかった資料が書架に並ぶことで、新規の利用者を開拓できます。セブンイレブン、ローソン、ファミリーマートなどのコンビニの品揃えが多少違うように、図書館も資料の差別化を図ることで、図書館界全体のアピールとなっていくと思うのです。

図書館は利用者の求める本を貸し出すだけではありません。「こんな本もあります」と、本と利用者の出会いを演出・案内することも大切な仕事です。そのために、テーマ展示や表紙見せなどさまざまな仕掛けをしています。

ブックディレクターの幅允孝が、人と本がもう少しうまく出会えるよう、さまざまな場所で本の提案をしているように、年間8万点もの新刊が出版される現状において、読者が求める本に出会うのは極めて奇跡的なことなのです。

また、伊藤清彦が『盛岡さわや書店奮戦記』（論創社　2011年）で「本は最初の需要はゼロ。出すことによって需要が喚起される」と言っているように、一日千秋の思いで新刊の発売を待たれる一握りの作家を除き、大半の本は出会うべき読者と会えぬままにいるのです。この出会いを中小規模の書店にお願いすることは物理的に不可能です。図書館の貸出冊数が伸びることは、図書館サービスが市民に還元されることにほかなりません。しかし、本当に多種多様な蔵書から利用者は本と出会っているのでしょうか。大型書店ですらなかなか見ることのできない小出版社、地方の出版社の本や、大手出版社でも専門的な主題の本を図書館がショールームとしてどれだけ支えているのでしょうか。

図書館の予算でどのくらいの本が買えるのか

図書館の資料費（図書・雑誌・新聞・視聴覚資料等）がどのくらいあるか、ご存知でしょうか。おおよその目安として示すと、人口10万人の自治体で2300万円*といったところです。例えば、2015(平成27)年度の長野県を例にとると、人口約38万人の県内最大の都市であ

*日本図書館協会の『図書館年鑑』で、2009年度から2012年度の決算額を基礎とした。2197万円（2009年度）、2244万円（2010年度）、2296万円（2011年度）、3101万円（2012年度）であり、わかりやすく2300万円とした。

る長野市の図書費（雑誌・新聞・視聴覚資料購入費を除く）は6068万円。第二の都市、松本市（人口約24万人）は9401万円。第三の都市、上田市（人口約15万人）は2967万円です。私が奉職した塩尻市（人口約6万7000人）は2868万円ですから、人口一人あたりの図書費は、長野市と塩尻市を比較すると2・5倍以上の開きがあります。塩尻市は決して財政的に豊かなまちではありません。塩尻市の前に奉職した鹿嶋市の方が、財政力指数でみる限り、はるかに豊かです。しかし、図書費で比較すると、鹿嶋市とは4倍ほどの開きがあります。まさに、市の方針次第なのです。まちの財政が豊かだから図書館の資料購入費が多いとは限りません。

年間に出版される新刊の平均単価は、『出版年鑑2015』によると、2014（平成26）年度は2307円となっています。年によって若干の差はありますが、大きな変化はありません。

これから、ある数値を算出します。その基準値として、平均単価を計算しやすいように、切りよく「2300円」とします。

先ほど述べたように、年間の新刊点数は8万点です。もちろん、新刊書籍には学習参考書、猥褻な本など、公共図書館が積極的に購入しない本も含まれます。それらを差し引いても、8万点から大きく減るものではありませんので、一応、ここでは「8万点」を基準値とします。まず、本の平均単価が2300円。新刊の出版点数が8万点と記憶してください。

ここで、注意が必要です。図書館が購入する図書には、個人での購入率が低いと思われる高価な参考図書があります。出版社も個人よりも、むしろ、図書館をターゲットにした編集、価格設定をしていると言えなくもありません。ただし、こうした高価な本が、図書館が購入する新刊点数の多くを占めるものではありません。また、以前は低廉な価格の文庫本は積極的に購入しない図書館がありましたが、近年は、新作を文庫で書き下ろす作家も多く、利用頻度も高いことから、コレクションとする図書館が増えてきています。こうしたことを勘案して、図書館が購入する図書の平均単価を「2000円」とします。ただし、図書館により、また年度によって、相当な違いがあることは承知しておいてください。

次に、注意しなければならないのが、この資料費がすべて本の購入に充てられるわけではありません。図書館によって差違はありますが、平均すれば25％は雑誌・新聞・ＤＶＤ等の購入に充てられます。さらに、図書館が購入するのは新刊だけではないという点です。新刊書の割合は、一般書で70％、児童書で50％といったところではないでしょうか。

もう一点、注意すべきは、一般書と児童書の購入割合です。これも、図書館によってかなりの差があります。一般書の割合は、概ね65％から80％と考えられます。

この4点を整理し、人口10万人市における一般書の購入予算モデルを提示します。

まず、1 年間の一般書*の出版点数を求めます。

1 年間の総出版点数　80,000 点

児童書の出版点数
5,100 点を引くと
(『出版年鑑 2015』)
↓

74,900 点

次に、一般書の新刊書購入予算を求めます。

資料費　2,300 万円
→ 本の購入に充てるのは 75%

図書費　1,725 万円
→ 一般書の購入割合は 70%

1,208 万円
→ 新刊の購入割合は 70%

846 万円

とすると、一般書の新刊の購入点数は……

846 万円	÷	2,000 円	=	**4,230 冊**
一般書の新刊書購入予算		図書館の購入する図書の平均単価		

そして、一般書の新刊の何割が購入されるかといえば……

4,230 冊	÷	74,900 点	=	**5.6%**
一般書の新刊の購入点数		1 年間の一般書の出版点数		

＊児童書以外はすべて一般書とした。

つまり、標準的な人口10万人の市立図書館が購入する一般書は、約5％に過ぎないということです。

この計算は、9割以上の新刊書が、その発行年に、どの図書館でも購入されていないということではありません。どこかの図書館で収集されてはいます。しかし、大半の図書館が、話題の本などを主に収集していることを考えると、話題性の低い本や高価な本は、選書からもれてしまう確率が高いということです。これは、先述した公立図書館貸出実態調査でも明らかです。現に県内の図書館で、数冊しか所蔵されていない本は枚挙に遑がありません。多種多様な本を収集するのが図書館の使命であるとはいえ、出版点数と購入予算は相当乖離しているということです。

繰り返しになりますが、図書館の資料費も購入方針もさまざまです。それぞれが、自館の考えで、選書をすることが悪いなどと言うつもりもありません。ただ、これだけ、出版点数と購入予算が乖離していると、どこかで、何らかの調整をしないと、必要な本を必要な読者に届けられなくなってしまっているのではないか、と危惧するのです。しかも、1館あたりの図書館の購入予算は年々減っています。となると、ついつい、利用の多い本を購入する傾向になることが懸念されます。

利用者に多種多様な資料を届ける。そのために、コレクションの偏在を直視して、広域で出版文化を守るという観点で選書が考えられないか、と思うのです。各自治体の図書館がすべての責任を負う必要はありません。それはできることでもありません。「図書館界」で考えればいいことです。

「図書館員の倫理綱領」に示された「第12 図書館員は、読者の立場に立って出版文化の発展に寄与するようつとめる」を、あらためて真剣に考えたいのです。そして、この倫理綱領の理念を一般市民にも知ってもらいたいのです。

図書館の選書を考える

図書館の選書は自由です。これは絶対に揺らいではなりません。では、選書は誰が行うのでしょうか。図書館の選書担当者であり、決裁権者である館長(例外もあり)が最終の責任者です。図書館は他の行政サービスと比べ、連携・協力を「売り」にする機関です。相互貸借、横断検索、複写サービスなど、国立国会図書館を頂点としたネットワークは、図書館サービスの命です。制度や理念に依拠したこの連携・協力を、コレクションづくりに活かせないものでしょうか。コレクションづくりは、資料の収集・閲覧・提供・保存という流れです。収集を除けば、図書館間のネットワークは既に十分に機能しています。

収集についていえば、資料費の5％を、従来の選書方針の枠外として、広域的な視点で、多種多様な資料を購入するための予算として扱うなど、図書館間のネットワークとして取り組めないものでしょうか。

また、保存の問題も深刻です。佐藤優は、図書館の除籍基準のあいまいさについて、ありえない本が除籍本として古書市場で流通していると、「『図書館司書』は出版社、書店でご奉公」（『週刊新潮』2012・3・1号）で指摘しています。

実際、私も「ありえない本」をインターネット書店で購入した経験があります。この場合の私の「ありえない」とは、図書館関係者が著した本、出版社から推定して極めて少部数の本、図書館について書かれた本という、除籍はくれぐれも注意を要する「私の三条件」を満たしていたからです。出版されて十数年しか経っておらず、貸出がほとんどなかったのか、本の状態は美品に近いものでした。だから古書市場で、それなりの値段がついたのでしょう。しかも、驚いたのは、蔵書検索したところ、除籍した図書館に複本はなく、当該図書館から「消えた本」だったのです。ちなみに、この本は、県によっては、県立図書館と、市立図書館のせいぜい1～2館しか所蔵していません。まさにレアな本なのです。

図書館と出版流通について書いてきましたが、新しい知見を提供できるものではありません。ただ、一向に収束をみない図書館界と出版界の課題について、コレクションという観点で考えたいのです。

なぜならば、図書館が無料貸本屋や金太郎飴と揶揄されることを看過したくないし、もっと出版界と良好な関係を構築すべきだと思うからです。さらに、図書館に一人でも多くの人に来てもらいたいのです。図書館がもっと使われることになれば、自治体の中での認識が高まり、予算が増えるかもしれません。予算が増えれば、多種多様な資料を利用者に届けられるのです。

専門書は特に発行部数が多くありません。図書館が広域で選書するというシステム（ネットワーク）をつくり、一定の購入冊数が見込めれば、出版社にとっても安定した出版企画が可能となり、価格も下がります。となれば、図書館市場だけでなく、書店での一般読者の購入へと繋がっていきます。こうした出版文化のサイクルをつくることも、図書館の使命でもあると思います。文字・活字文化振興法の目的を、図書館員はしっかりと把握してほしいものです。

本は大別すれば二種類に分けられます。とりあえず派手な販促や話題性を武器に一気に「売りまくろうという本」と、出版社と著者の積年の思いが詰まった「長く読み継がれたいとの願いが詰まった本」です。特に図書館は後者の出版を支える砦であってほしい、と願っています。私が図書館に異動になって、最初に司書に選書のリクエストをしたのは、ネコ・パブリッシングの『ワールドカーガイド』でした。貧弱だった537(「日本十進分類法」による分類番号)の棚に、白い背表紙に黒文字の英語でPORSCHE, FIAT, PEUGEOTなど、自動車会社名が記された叢書が並び、一気に書架の「顔色」が変わりました。真っ先にこの叢書を選んだのは、私がクルマ好きだからという理由もあります。でも、図書館の自由に関する宣言でいう「図書館員の個人的な関心や好みによって選択をしない」に抵触するものではありません。あくまで、資料のバランスを欠いていることが気になっていたので、見直したまでです。

図書館の棚は本好きな人との真剣勝負の場です。たった一冊の本をそこに見つけただけで、そこで働く司書の専門性に唸ったり、たった一冊の本が棚の品位を高めたりします。また、偶然の出会いが思いもよらぬ展開となったりすることもあります。こんな楽しいことが地域にかかわらず経験できるのが図書館ではないでしょうか。

利用者は図書館に期待を持って訪れます。初めての来館ならなおさらです。自分の好きな分野、好きな作家の充実度は定番の評価の物差しです。蔵書の数も重要ですが、それ以上に大切なのはバランスです。

例えば、764の棚でビートルズが5冊、ローリング・ストーンズが1冊、レッド・ツェッペリンが0冊、ビーチ・ボーイズが2冊だとしたら、どう思いますか。私なら明らかに偏っていると思います。

783・7の棚で、日本のプロ野球チームは12あるのに、読売ジャイアンツの本が全体の半分を占め、1冊も所蔵のないチームが数球団ある、という図書館はありませんか。出版点数がダントツに読売ジャイアンツが多いといえ、これでは明らかにバランスを欠いています。

図書館の選書方針を考える

塩尻市の図書館長に就任早々、スタッフに言ったことは選書の見直しでした。塩尻市は本館と8つの分館があり、ときに話題のベストセラー本や、有名な文学賞受賞作を、各館こぞって購入していました。確かに、瞬間風速のように、予約が殺到しますが、数カ月後には激減します。複本購入したベストセラー本の合計の貸出回数を蔵書冊数で除してみると、1冊のみ購入したベストセラーではない本（あまり話題にのぼらない本）の貸出回数との差は、ほとんど変わりがないのです。むしろ、数年間という長期で見たら、後者の方が1冊あたりの貸出回数は多いくらいです。

こうしたことを丁寧にデータとして示し、図書館のコレクションはできるだけ複本購入を控え、1点でも多くの多様な資料を収集する方針とすることをスタッフに説きました。

また、隣接する松本市とのコレクションの差別化も積極的に行いました。人口約24万人の松本市と7万人弱の塩尻市とでは、塩尻市のコレクションが松本市とかぶることは必至です。蔵書数も人口比と同じく、松本市は塩尻市の3・4倍ありました。しかし、モノは考えようです。両市合わせれば、図書購入費は1億円を超えます。全国屈指の予算を誇る千葉県浦安市さえ凌駕するのです。勝手に広域圏として、一つのまちと考えれば、コレクションの差別化は当然のこと。そうすることで、松本市民と塩尻市民は、全国有数の性格を異にした二つの中央館を持つことになります。しかも、休館日も変える。そうすれば、図書館の休みのないエリアとなります。セブンイレブンの近くにセブンイレブンがほしいですか。私ならローソンやファミリーマートがほしい、と思います。

東洋文庫、ブルーバックス、岩波文庫といった図書館定番の叢書は、歴史のある松本市に太刀打ちできません。しかし、日経文庫、生活人新書、文庫クセジュ、角川oneテーマ21、日経ビジネス人文庫などは、収集次第では松本市を超えることはできます。こうした考えで、「隙間」を埋めていきました。何よりもまず、市民と他市町村から来館する利用者に多種多様

表３　塩尻市立図書館における相互貸借の利用冊数の変遷

年度	他館への貸出冊数	他館からの借受冊数	計
2007	196	449	645
2008	207	665	872
2009	310	663	973
2010	313	230	543
2011	571	199	770
2012	692	336	1,028
2013	753	378	1,131

2010 年 7 月に新館開館

表４　塩尻市立図書館の県内主要市立図書館との相互貸借冊数（2013 年度）

市（人口）	借受冊数	貸出冊数
長野市（約 38 万人）	40	37
松本市（約 24 万人）	43	68
上田市（約 15 万人）	12	54

な本と出会ってほしい、との思いです。そして、地方の書店にはない本をたくさん購入することで、図書館は本のショールームとなります。そのことで、書店での注文購入に繋げられれば、という狙いもありました。

その結果、私が在任していた期間、新規の登録者の４割を他市町村在住者が占め、市民一人あたりの貸出冊数は県内19市で１位となり、２０１２(平成24)年度には10・1冊と、初めて10冊のラインを超えました。「借りられる本」を選書基準とせず、「多種多様なジャンルの本を収集し、出版文化を守る」という基準です。その結果、貸出は急伸したのです。

こうした選書方針は、相互貸借の利用も劇的に変えました。表を見てください。人口

7万人に満たない小さな市である塩尻市が、圧倒的に貸出超過の図書館に変わりました。相互貸借というサービスそのものも急伸させました。

いかがですか。これが偶然の結果なのか、それとも当然の結果なのか。塩尻市の例だけで語るのは早計であることは承知しています。でも、図書館のポテンシャル（潜在能力）を感じることはできませんか。市民に喜んでいただけるのは当然のこと。資料の収集方針次第で、全国の読者に喜んでいただける図書館になれるのです。

本章の最後に、私が図書館員の矜持としている一文をお示しします。どうしてこの本を上梓したのか、どういう精神で図書館を経営してきたのか、おかわかりいただけると思います。

活字に限って言えば、新刊・ベストセラー中心の現在の多くの書店に期待するものは最早何もない。図書館の使命が書店の補完的役割を大とするならば、図書館の果たさなければならない仕事は質量ともに沢山ある。毎年おびただしい本が出版される。悪書もあれば良書もある。大手の出版社からのものもあれば地方の小出版社からのものもある。それらが全ての書店に並ぶのは物理的経済的に不可能である。もし並んだとしても、一部の本を除いては一瞬の出来事である。

多くの良心的な書店人は、このことに頭を悩ませている。彼らの多くは「いい本を長く置きたい」「名もない出版社でも良書は置きたい」と常日頃考え続けている人種である。しかし商売上の理由がこれを妨げている。図書館の使命は、この延長線上にあるべきではないか。バトンを受けて、「今度は僕らに任せてよ」と言うべきなのだ。

かくして図書館と書店は見事に共存共栄でき、目ききのできる図書館が一定の割合で買ってくれれば、小出版社の経営も安定するのである。活字文化の保存にも繋がる。

これは、現㈱ヴィレッジヴァンガードコーポレーション代表取締役会長の菊地敬一氏が1997(平成9)年に上梓した『ヴィレッジ・ヴァンガードで休日を』(リブリオ出版)に書かれたものです。

私は図書館が好きで、書店が好きです。これ以上、まちから書店がなくなってほしくないし、図書館には多種多様な、書店とは違う本が並んでいてほしいと思っています。

また、利用者がいないということと、読者がいないということは根本的に違います。期待されて生まれてくる本はごく僅かです。先述したように、新作が待たれる売れっ子作家の本や、喫緊の話題を取り上げた本などを除けば、大半の本は読者と出会うことで、初めて恋が芽生えるのです。「こんな本を待っていたのだ」と読者が手に取り、パラパラと頁をめくり、恋に落ちるのです。出会わなければ始まらないのです。それを演出するのが図書館ではないでしょうか。

参考文献

中西拓司「記者の目：消える街の本屋さん」『毎日新聞』２０１５年2月27日
「本離れ懸念 1か月全く読まず53％ 読書週間世論調査」『讀賣新聞』２０１３年10月20日
伊藤清彦『盛岡さわや書店奮戦記』論創社 ２０１１年
菊地敬一『ヴィレッジ・ヴァンガードで休日を』リブリオ出版 １９９７年
永江朗 監修 川端正吾・天野祐里編『本』（あたらしい教科書2）プチグラパブリッシング ２００６年
日本図書館協会図書館年鑑編集委員会『図書館年鑑２０１２〜２０１５』日本図書館協会
出版年鑑編集部『出版年鑑２０１５』出版ニュース社 ２０１５年
林望「図書館は『無料貸本屋』か」『文藝春秋』２０００年12月号
松岡要「図書館は書店を圧迫しているか」『出版ニュース』２０１２年3月下旬号
三田誠広「図書館が侵す作家の権利」『論座』２００２年12月号
中瀬大樹「図書館は書店と共栄する」『出版ニュース』２０１２年6月中旬号
根本彰「図書館での貸出し猶予の意味」『出版ニュース』２０１１年4月中旬号
根本彰「図書館と出版の新しい関係」『出版ニュース』２０１１年8月上旬号

楡周平「図書館栄えて物書き滅ぶ」『新潮45』２００1年10月号
佐藤優「『図書館司書』は出版社、書店でご奉公」『週刊新潮』２０１2年3月1日号
田井郁久雄「根本彰氏の投稿「図書館での貸出し猶予の意味」を読んで」『出版ニュース』２０１1年6月上旬号
手嶋孝典「図書館界と出版界との相互理解のために」『出版ニュース』２０１5年5月中・下旬号
「すさんでいく「公共図書館」」『選択』２０１5年2月号
「特集「出版文化」こそ国の根幹である」『新潮45』２０１5年2月号
「論点スペシャル 図書館 新刊貸し出しの賛否」『讀賣新聞』２０１5年2月17日号
「長野県公共図書館概況２０１５」http://www.library.pref.nagano.jp/lib/general
公益社団法人日本文藝家協会 理事長 篠弘「図書館業務の民間委託についての提言」２０１2年9月18日 http://www.bungeika.or.jp/pdf/20120918_1.pdf
（社）日本図書館協会・（社）日本書籍出版協会「公立図書館貸出実態調査 ２００３ 報告書」２００3年3月 https://www.jla.or.jp/portals/0/html/kasidasi.pdf
社団法人日本ペンクラブ 会長 梅原猛「著作者の権利への理解を求める声明」２００1年6月15日 http://www.japanpen.or.jp/statement/2000-2001/post_65.html
「図書館員の倫理綱領」１９８0年6月4日 日本図書館協会総会決議 http://www.jla.or.jp/library/gudeline/tabid/233/Default.aspx

第Ⅱ章

やっぱり、図書館員は本が好き

はじめに

言うまでもなく、図書館員は本が好きです。仕事として読む本もあれば、趣味として読む本もあります。読者の中に、図書館員は自分の好きな本を選書できていいいな、と思っている人がいたら大間違い。図書館には図書館それぞれの選書方針があります。また、蔵書のバランス、予算など、さまざまな条件の中で選書しています。図書館の書架を見て、書架に並ぶ本すべてがベストの選択だと思っている図書館員はいるのでしょうか。むしろ、忸怩たる思いで、自館の棚を眺める職員の方が多いのではないか、と思います。私自身がそうでした。

そんな棚づくりへの司書の熱い思いや実践を、〝役所っぽくない文章〟でまとめたものがほしい、という思いで本著を編みました。ありそうで、なかった本だと思います。

先述したように、高尚な選書論ではありません。図書館員の選書感の一端を感じていただければ幸いです。

高橋　将人（たかはし・まさと）

南相馬市立中央図書館勤務。

１９８４（昭和59）年山形県生まれ。山に囲まれた土地でのびのび育ち、14歳で司書を志す。２００８（平成20）年、筑波大学図書館情報専門学群卒業。福島県南相馬市教育委員会に原町図書館司書として入職。２００９（平成21）年、新図書館建設に伴い所属課名が中央図書館に変更。東日本大震災による移動を経て、現在は中央図書館に復帰。目下の趣味は、ダムや湖などの大きな水たまりを眺めながら考えごとをして過ごすこと。

旅はまだ終わらない

旅の記録〝紀行文・旅行記〟

旅行は好きですか？　知らない土地で初めての体験をして、美しい景色を見て、美味しいものを食べて……。でも楽しい時間はあっという間に過ぎて、旅行は終了。なんとなく寂しくなってしまうこともあるのではないでしょうか。そんな時は先人が旅の記録を綴った〝紀行文・旅行記〟をお薦めします。旅行が終わった後に改めて読んでみれば、そこにはまた新しい発見が待っていますよ。

紀行文・旅行記はどこにありますか？

紀行文・旅行記のある棚は大体の図書館で２９〇の分類番号が振ってあります。しかしこの２９〇の分類番号、実は地域ごとに分けられているため、ガイドブックや地図にも同じ分類番号が割り振られてしまっています。紀行文・旅行記よりもガイドブックや地図の方がたくさんある場合が多いので、旅行記を案内すると「ここにあったのか」という反応をされる方もいます。

棚を構成するときに、実用書と読み物を分けて並べると棚が面白くなるというやり方があります。多くのジャンルに通用するやり方ですが、この分野（とコンピュータ）が最も顕著に効果が現れます。例えば、世界史の授業で習うほど有名なマルコ・ポーロの『東方見聞録』。読み始めるには勇気がいる気もしますが、沢木耕太郎『深夜特急』（新潮社　1986年～）や鴨志田穣『日本はじっこ自滅旅』（講談社　2005年）などの読み物と並んでいればちょっと手を出してみたくなりませんか？　本能全開の、たかのてるこ『ガンジス河でバタフライ』（幻冬舎　2000年）や、正体不明の魅力に引き込まれる、高野秀行『幻獣ムベンベを追え』（集英社　2003年）など、紀行文のお薦めにはきりがありません。魅力あふれるこれらの読み物と、ガイドブックや地図といった実用書を混ぜてしまうのは大変もったいないと思うのです。

本の魅力を引き出すためのひと工夫

ここで図書館の棚のルールについて考えてみましょう。多くの図書館では、日本十進分類法を基に本を分類しています。日本十進分類法とは、0から9までの数字とピリオド（.）を用いた列挙型分類法で、日本における標準的な図書分類法です（日本図書館協会用語委員会編『図書館用語集　三訂版』日本図書館協会　2003年　244頁）。図書館の本棚はこの分類法どおりにつくられていることがほとんどです。——と、これだと説明が固いですよね。ちょっと噛み砕いて言い換えてみます。図書館はそれぞれの館ごとの本棚のルールに沿って本を並べます。本棚のルールは〝秩序〟と言っても良いかもしれません。その本棚のルールを「日本十進分類法という規則どおりに本を並べましょう」というものにしている図書館が大変多いということです。

日本十進分類法は001から999まで数字順に定められているので、これに沿って棚を作れば確かに綺麗に並びます。しかし、図書館によっては日本十進分類法をアレンジして独自の本棚のルールを作ったり、特定のテーマを抜き出して「○○特集展示」のように分類とは別に棚を設けたりする（別置）場合もあります。棚を管理する立場では多少煩雑にはなるものの、ガイドブックと紀行文・旅行記のように明らかに読むシチュエーションが異なるジャンルであれば、別置した方がそれぞれの本の魅力が引き立ち、興味を引く棚になるのです。

紀行文・旅行記の本が図書館に少ない理由

本には複数のテーマを持っているものがあります。人間に例えれば、ある一人の人間を分類するテーマが、男性・司書・30歳・ラーメン好き・A型・山形県出身……など複数存在するのと同じように、本のテーマも一つとは限りません。この視点で紀行文・旅行記を考えてみると、それらのジャンルの中には、日記・紀行・ルポルタージュなど複数のテーマが含まれていることがわかります。つまり、「平成○○年、私はリュックサック一つで世界一周の旅をした。旅の途中で現地住民とそれぞれの国の習慣について話をして、その違いについて考えた」という旅行記は、著者の日記915でもあり、旅行記29○でもあり、ルポルタージュ（現地報告）916でもあるということなのです。

加えて、もし民族文化について書かれていれば〝文化人類学389〟のテーマもつきますし、鉄道に乗って旅行した内容を詳細に触れれば〝鉄道686〟のテーマもつきます。これだけ広いテーマを含む紀行文・旅行記ですが、その広さゆえ逆に並べる棚を決めづらいという難点があります。決してこの手の類書の出版点数が少ないわけではないのです。つまり、29○の棚に紀行文・旅行記の本が少ないのは、これらの本が他の棚に分類されて並べられていることに他ならないのです（ちなみに、分類先のテーマは9類の〝日記915〟の分類を振っている図書館が多いと感じます）。作家ごとに著作を集める方が良いのか、テーマごとに棚を作る方が良いのか。各図書館に委ねられることですが、こと紀行文・旅行記については、多くの人に愛されている〝旅〟の楽しみ方の提案として、分類を超えた別置のテーマ棚を作るのも有効なのではないでしょうか。

コレクションの収集と排架・配架（排架は、順序よく並べること。配架は並べること）は車の両輪のような関係です。新しく受け入れた本の主題を設定し、どこの棚に並べるか、より利用者に興味を持ってもらえる棚はどこなのかを、日本全国の図書館がそれぞれ考えています。自分のお気に入りの本を地域の図書館が持っているか気になった時は、同時にその本がどこの棚にあるかもぜひ調べてみてください。その図書館のこだわりが見えてくるとともに、お気に入りの本と関連したまだ見ぬ良書と出会えるかもしれないですよ。

本を読んで旅に出たくなる

特に読みたい本がないとき、図書館に行って読みたい本を探すというのもひとつの使い方だと思います。休日の予定に困ったり、旅行の計画を立てるのに疲れてしまったりしたときは、〝紀行文・旅行記〟の棚を眺めてみれば、気持ちが弾んで前向きに考えられるようになるかもしれません。「旅にでたい！」と思えればこっちのものです。旅行の計画もきっとさくさく進むことでしょう。もし旅行に行った後であれば、自分も旅行記を書いてみようという気持ちにかられるかも。あなたの旅はまだまだ終わりません。

大学受験の〝参考書〟は図書館がショーケース

図書館を受験勉強にも役立てたい

図書館の使い方を現代の中高生目線で考えたとき、〝静かな図書館でテスト勉強や受験勉強をする〟というものは大きなイメージとしてあると思います。この〝図書館で勉強をする〟ということについては、実は従来から図書館ではあまり望まれていませんでした。それは「本を読む人が読書席を使えなくなる」「図書館は場所の提供が本質ではない」「中高生の勉強は図書館だけで請け負うのではなく地域全体の課題とすべき」という考え方からきています。図書館によって閲覧席の事情はさまざまあるので、持ち込み学習の是非についてここで一概に述べることはできません。しかし、全国の図書館で〝子育て支援サービス〟や〝仕事に役立つサービス〟という取り組みを行っていることを考えれば、〝中高生の勉強に役立つサービス〟を行うこと自体はむしろ自然なことに思われます。

「地元の○○大学の過去10年分の試験問題の中から、整数問題を取り扱った過去問があるかどうか、またあるならその問題の内容が知りたい」

これはもう課題を解決するための立派な調査ではないでしょうか。図書館は、〝調べもの、探しもの、お手伝いします〟（斎藤文男が提唱したレファレンスサービスの説明）というサービスを全国どこでも行っています。このような使い方を通して図書館や情報そのものに対して〝使える〟という経験をした方が、大学の論文を書くときにも図書館を利用し、仕事で企画を立てるときも図書館を利用し、人生の中で調べものをするときは図書館を使おうと思ってもらえるようになる可能性は容易に考えられることです。

しかし、勉強支援といっても、図書館員が講師になって講習会をするのは現実的ではありませんし、図書館の役割から言っても本筋を外れてしまいます。図書館は情報を扱い提供するところ。であれば、勉強に役立つ情報を提供することがサービスの本懐になります。コレクションとしては、参考資料としての過去の試験問題のデータ（過去問）や受験参考書が考えられるでしょう。

受験参考書のショーケース

図書館で、参考書の収集に関する議論は以前からあります。ただ、大型書店や予備校のない地域の高校生にとって、複数の出版社の参考書を手にとって内容を比較できる場所は、地域によってはそう多くないことは事実です。受験参考書は自分に合ったものを選ぶことが大事であるとはよく言われること。地域の高校生がそれぞれに合った参考書を選ぶお手伝いとして、できるだけ多くの選択肢を提供する役割を、その気になれば図書館が担えるのではないでしょうか。

具体的には、図書館で多様な受験参考書を収集・提供するということです。これは「図書館の本で勉強しよう」ということではありません。一人一人が自分に合った参考書を選ぶためのショーケースに図書館がなるという捉え方です。受験生が参考書を買おうと思ったら、まずは図書館に行って複数の参考書の中から自分に合ったものを選ぶ。気に入った参考書があれば書誌情報をメモしてまちの本屋さんへ向かう。本屋さんに在庫がなければ、取り寄せてもらえばいい話です。受験生にとっては、本屋さんの店頭在庫から選んで購入するのか、図書館のコレクションから選んで購入するのかだけの違いしかありません。

学習参考書の選書

現在、各出版社からさまざまな学習参考書が出版されています。内容を見てみると、同じ学習課程を扱っていても、参考書（問題集ではない）の解説は一冊一冊本当にさまざまであることがわかります。図書館ではこの解説の違いをきちんと把握し、さまざまな解説の参考書を収集することが必要となります。一般の出版社から発行されている参考書のほかにも、予備校から出版されているものもあり、押さえておきたい視点です。

また、本を選ぶ際に注意しておきたいのは、「学問のための本」と「大学受験のための参考書」は明確に内容が異なっているということです。例として、高校数学で〝ベクトルの問題が解けるようになりたい。行列の問題が解けるようになりたい〟という悩みをもった方を考えてみます。大切なのは、この方は、あくまでも問題が解けるようになりたいのであって、線形代数学を学びたいわけではない（もちろん学ぶことは望ましいことですが）ということです。参考書としての良書を棚に揃えていく必要があります。

中高生の図書館利用

さて、参考書からはちょっと離れて、現代の中高生が図書館でしたいことを中高生になったつもりで考えてみましょう。部活があって、学校の宿題があって、友達とも遊びたい。そんな忙しい中高生が図書館に行くときはどんなときでしょうか。「静かなところで集中して勉強したい」「外にいるのもなんだから、とりあえずみんなで図書館にでも行く?」「ちょっと人とは違ったことを知っておきたい」。このように図書館を身近に使ってもらえるなら、こんなに嬉しいことはありません。図書館でも、そんな中高生のために、〝中高生向けの本棚や居場所〟をつくる試みを行っています。筆者の勤務する図書館ではティーンズコーナーと呼んでおり、小説や職業本、参考書だけでなく、CD、雑誌、ひとことカード掲示板、読書テラス（話をして良い場所）の開放など、中高生が集まる場所になっています。〝資料提供〟というものにこだわらず、中高生が楽しめて、役に立って、また来たくなる空間づくりを目指して取り組んでいます。

中二病応援コレクション

中二病（中2病）
「背伸びをして偉そうなことを言いたがる（中学2年生ぐらいの子どもにみられるような）傾向。思春期にありがちな自己愛あふれた空想や思考を揶揄する言葉」
（『現代用語の基礎知識2015』自由国民社　2015年　1091頁）

思春期によくある、歌の歌詞を書き写してみたり、自作の詩をつくってみたりという行動。感動を記録したり、思考を表現しようとしたりすることは、それが仮に自己愛にあふれた空想だったとしても、知的な行動と言えるのではないでしょうか。自分の内と外を結び付けようとする思考を、図書館のコレクションで応援します。

中高生と話をしていると、図書館の中高生向けコーナーには名作本ばかり並んでいる印象があるそうです。色々な本を読んでみて、最終的に名作に落ち着くケースは確かにあると思いますが、それを強要するようではいけません。読みたいものを読む。もっと言えば〝興味のあるものに触れる〟ことが大事であり、図書館のコレクションや環境がどれだけ中高生の興味を集められるかという視点でコーナーをつくることが必要です。

また、自分の年齢や性別、キャラクターなどを意識し始めるのもこの時期であることから、自分が読んでいる本について他人の目が気になる中高生も多いかと思います。トーベ＝ヤンソン「ムーミンシリーズ」の中で、スナフキンというムーミンの友達が出てきます。スナフキンは作品中で名言を乱発することはよく知られています（『スナフキンの名言集』なる本も出版されています）。スナフキンの言葉に共感を覚えて、自分を見つめ直すきっかけになったという声が年配の方からも聞かれるほどです。しかし、他人の目を気にするという視点で考えれば

「自分を探すこと」より「ムーミンを読んでいることを友達や家族に知られる」方が恥ずかしく感じる年代だってあるのではないでしょうか（筆者には確実にありました）。コレクションとしてスナフキンを拒否するわけではありませんが、中高生の価値観を理解しようとする姿勢は忘れてはいけません。

コミックもライトノベルも雑誌もある。たくさんの音楽とたくさんの歌詞に触れられる。ファッションの本もあるし、メイクやネイルの本もある。アニメやイラスト本もあるし、絵を描くのに役立つポーズ集もある。占いや血液型分析の本もある。部活の本もあるし、お笑いの本もある。わいわい話ができる場所もあるし、恋愛相談や人生相談をする交換ノートや掲示板もある。友達とも行けるし、一人にもなれる。その上、いろいろな参考書が並んでいて、進路に役立つ本もある。もちろん面白い物語もたくさんある――。図書館には君の居場所がありますよ、と心から伝えられる図書館が日本全国にもっともっと増えていけば良いですね。

〝将棋〟にも〝囲碁〟にも〝チェス〟にもドラマがある

ボードゲームは本を読んでいるだけでは楽しくない

「将棋の駒を貸してください！」

中学生が元気に職員に声をかけています。場所はもちろん図書館。職員から将棋盤と駒を借りた数人の男の子が、館内へ楽しそうに歩いていきます。

将棋や囲碁、チェスなどのボードゲームの醍醐味は何といっても実践です。相手と頭脳で対決し、勝敗が決まる。そしてそれを後から相手と話しながら検証できることが、ボードゲームの楽しさだと思います。詰将棋や手順の勉強は一人でもできるかもしれませんが、それはスポーツで言えば、素振りや筋力トレーニングの基礎練習。やはり実際の相手と真剣勝負をすることが上達の近道です。実践する→考える→本を読んで勉強する→実践する→考える→……というサイクルに対して、図書館はなにができるのでしょうか。

定石は日々進歩している

図書館でボードゲームの本を読むとなると、一番初めに手が伸びるのがいわゆる「チェス入門」「将棋の囲いがわかる本」などの実用書ではないでしょうか。これらの実用書は大体どこの図書館にもあります。しかしその鮮度（新しさ）となるとどうでしょうか。例えば、コンピュータ関連本などは進歩の速いジャンルであるため、頻繁に最新情報が追加されていく傾向にあります。つまり、本棚が新しい状態に保たれるということです。これは、利用者も図書館員もコンピュータを身近に感じていて新しい情報への関心が高いため、収集する基準を作りやすいからです。

一方で将棋を例にとってみると、将棋界でも、プロの方々の日々の研鑽によって新しい戦法や手筋が絶えず生まれ続けています。にもかかわらず、図書館の将棋本の収集は最新情報に無頓着なケースも多いように見受けられます。「マイナビ将棋ブックスシリーズ」（マイナビ）など戦法別の最新情報もきちんと出版されているにもかかわらず、コレクションとして十分な蔵書を揃えられていない図書館が数多くあります。将棋に詳しい図書館員がいないため、本棚の新陳代謝が行われず、その結果、蔵書が古臭い・子どもじみているという状態が生まれてしまうのです。将棋に限らず、ボードゲームを上達したいと思っている方に望まれる図書館の本棚を目指したいところです。

図書館でそろえられるコレクション

では、魅力のあるボードゲーム本棚を目指して図書館のコレクションを考えてみます。コレクションの種類を3つのタイプに分けてそれぞれ考えていきましょう。

①実用書（やり方の本）

これまで触れてきたように、時代にあった鮮度の良い実用書が求められます。まったくの初心者がゲームを知るために読む入門書から、詰碁・詰将棋、名局集、定石本など、このテーマでは一番利用が多いタイプの本です。ボードゲームの本の中には〝▲7六歩△8四歩▲6八銀〟〝白e4黒e5〟など駒の動きを文字で表す表現がたくさんでてきます（囲碁は盤面図の石に数字が入れてあることが多い）。慣れたプレイヤーならともかく、初心者にはこれを見て頭の中で駒を動かすことは困難です。適度に盤面図があるものが読みやすいでしょう。近年の電子書籍の動きのなかで、盤面が動く電子書籍（画面をタップすると棋譜が初手から動く）も出始めています。図書館として導入可能かどうかはそれぞれの図書館によって異なりますが、この盤面が動く電子書籍は初心者にとってはとても理解しやすいものだと思います。

② 〝界〟の情報

サッカーや野球では、ボールの蹴り方やバッティング上達法のほかに、Jリーグや海外のリーグ、メジャーリーグの解説本や流行のフォーメーションについての本など、〝プロサッカー界〟〝プロ野球界〟についての情報がたくさんあります。同じように、実はボードゲームにも〝界〟の情報はあるのです。そこにはプロ棋士たちの真剣勝負はもちろん、人間vsコンピュータの企画、将棋の棋士とチェスのプレイヤーとの勝負など、興味深いトピックスが溢れています。

図書館にあるコレクションで、〝界〟の情報に一番簡単に触れられるのは雑誌です。チェスのメジャー雑誌は海外のものになるので、所蔵している図書館は少ないと思いますが、将棋や囲碁はそれぞれ複数タイトルの雑誌が出版されています。また『将棋年鑑』（日本将棋連盟）や『囲碁年鑑』（日本棋院）には一年間のタイトル戦の棋譜や特集が盛り込まれていて、読み物としても勉強本としても大変良い本だと思います。他にも、プロの自伝など〝界〟に関する読み物は意識して収集すればかなりの数になります。

③モチベーション（興味、関心）に関係する本

「やったことはないけど、やってみたい」「なんとなく飽きてきた」というときに、読めばモチベーションがあがる本を棚に揃えておきたいところです。具体的には、小説、コミックなど、読みやすく、ドラマが描かれている作品などがあれば、きっと興味が湧いてくるはずです。

〈小説〉

チェス：小川洋子『猫を抱いて象と泳ぐ』文藝春秋　２００９年
　　　　ジーン・ウルフほか『モーフィー時計の午前零時』国書刊行会　２００９年

囲　碁：川端康成『名人　改版』新潮社　２００４年

〈コミックス〉

将　棋：能條純一『月下の棋士』小学館　１９９３年〜
　　　　柴田ヨクサル『ハチワンダイバー』集英社　２００６年〜
　　　　羽海野チカ『3月のライオン』白泉社　２００８年〜

囲　碁：ほったゆみ『ヒカルの碁』集英社　１９９９年〜

このほかにもたくさんの作品が出版されています。中でもコミックスは、きちんと取材をして書かれているものが多く、プロが監修に入っていることも珍しくありません。初心者はもちろん、その道を勉強している方が読んでも十分楽しめる内容になっています。

ボードゲームを身近に

ここまではコレクションについて考えてきましたが、本を揃える以外に図書館ができる工夫はどのようなものがあるでしょうか。

本稿の冒頭で中学生が将棋の駒を借りていく様子を書きましたが、実はこれは筆者が勤務している図書館で日常的に見られる光景です。ボードゲームの最大の醍醐味は実践。であれば、その実践が気軽に行える環境を図書館で提供しようという試みです。といっても、図書館で準備しているのは、貸出用（館内専用）の将棋盤、囲碁盤、チェス盤と各種駒だけです。あとは音を出しても大丈夫な場所で、真剣勝負をするなり、ああでもないこうでもないと検討をしてみるなり、上手に楽しんでくれています。

図書館からは離れますが、将棋の駒づくりで有名な山形県天童市では、屋外の歩道にタイルで詰将棋を埋め込んで自由に考えてもらう取り組みをしています。ちょっとした待ち時間やふと足を止めたときに、気軽に将棋に触れられるようにした地域おこしの工夫です。街を歩いているだけで将棋を感じられる実感があってとても楽しい取り組みです。ただ、引っかかる詰将棋があったりすると、うんうん唸っている間にうっかり待っていたはずの信号を渡り損ねてしまったりもするのが困りどころです。

さあ実践へ！

図書館で本を読んだり友達と対戦したりして基礎を覚えたら、いよいよ本格的な実践です。プレイする場所の情報を、図書館が提供できたらいいですよね。具体的には、街の入門教室の案内や、大会などの情報です。地域の公民館や生涯学習センターなどと連携すれば情報収集、情報提供がしやすいでしょう。図書館のコレクションと実践情報発信が合わされば、ボードゲームがもっと奥深くて、もっと身近なものになるのではないでしょうか。

“男の粋《すい》”には理由がある

ファッションに興味があります！

ファッションについて学ぼうと思ったときに何を参考にしているかと考えると、ファッション雑誌と答える方も多いのではないでしょうか。トレンドのアイテムや着こなし例、ストリートスナップ。自分の好みに合わせて真似をすれば、それだけでおしゃれに見えるような気にさせる記事で溢れています。こうしたファッション雑誌は、書店はもちろん、図書館でも所蔵されていて、雑誌コーナーにまとめて配置されていることが多いと思います。

男の粋を求めて

こんなに身近なファッション雑誌ですが、とある年配の男性から次のようなお話を聞きました。

「最近のファッションは軽薄だ。みんな情報につられてホイホイ自分を変えてしまう。雑誌も流行を作ってやろうという意識が見え見えであざとい」

その男性は落ち着いた自分のスタイルを持っている方で、「自分の好きなものを身に着けていたい」というシンプルな考えからでた言葉でした。ある日、その方から服装の本で何か面白い本は、という相談を受けたので詳しく話を聞いてみると、ファッションというよりは〝男の粋《すい》〟を高めたいという要望でした。男の粋には歴史とドラマが必要です。商品情報よりむしろ文化と価値の背景。所蔵している資料の中からめぼしい本を数冊ピックアップし、それらの本を目指して服飾関係のコーナーへ案内しました。きっとこれなら満足してもらえるだろうと浅慮しながら棚へ向かったのですが、棚に着いて愕然。土曜日で入館者の多かったその日、人気のその棚は女性で溢れかえっていました。これにはその方も躊躇してしまい、「さすがにここで自分みたいな男がゆっくり本は選べないな。また静かな時に来るよ」と帰られてしまいました。

洒落者に救いの手を

図書館の分類では、〝服飾〟の項はあっても、その中に男性と女性の区別はありません。ファッション関連書籍の出版点数は女性向けが圧倒的に多数です。自然と図書館の本棚には女性向けの本が多く並びます。図書館がこうしたことを意識せずに分類どおり並べてしまうと、女性向けの本に男性向けの本が埋もれてしまうことになります。これでは棚に行っても見つけにくいですし、先の例のように、男性にとっては気後れして棚をまじまじと見ていられないなど、決して利用しやすいとは言えません。なにしろ、読みたい本がもし本棚の低い位置にあった場合、男性は女性だらけの本棚の前でしゃがみこまなければならないのです。ちょっと離れたところに「男性のファッション本コーナー」が別に作ってあればこんな思いはしないで済みますし、ターゲットを絞ったテーマ棚としてコレクションも活用できます。

ここで、テーマ棚のもう一つの利点、資料混配の面白さに触れたいと思います。図書館で扱う資料にはたくさんの種類があります。本（単行本・文庫・新書）、雑誌、CD、DVD、コミックス、絵画、ポスター……。そんな多種の資料を、形にこだわらず、テーマや分類を重視して一つの棚に混ぜ込んでしまうことを、資料混配と言ったりします。男性のファッションというテーマであれば、関連の文庫本もコミックスもDVDもポスターも同じ棚に置いてしまう。最近はコミックスの中にもテーマ性があって、しっかり取材をして、専門家が監修をして作られているものが少なくありません。図書館の分類上〝漫画〟という項もあるのですが、漫画棚ではなく、わかりやすい入門書としてあえてテーマ棚に混ぜ込んでしまうというのも、利用者にとっては有効だと思います。テーマ棚はすでに多くの書店で採用されていますが、図書館でこれをすれば、古い本や絶版になった本まで最大限に活用でき、棚の中で歴史も感じられるという点が大変魅力的です。

大人の深みを湛えて

話を戻して、粋な男性が思わずニヤリとする「男性ファッションの棚」を考えてみましょう。「センスを磨くには本物を知ること」とはよく言われることです。それがファッションであれ、音楽であれ、文学であれ、クラシック（古典）と呼ばれるものに触れることは大変重要です。もちろん現代のものにも本物はたくさんありますが、善し悪しを判断する基準として、クラシック（古典）を備えておくことは深みにつながります。古典というと古臭いと敬遠しがちですが、時の洗礼を受けて今日まで残ってきたものと意識して触れれば、そこには何らかの価値を感じることができるはずです。ファッションで考えれば、現代の日本人の服装は洋服がベースになっているため、外国のクラシック系の着こなしが見られる写真集などがあるとわかりやすいかもしれません。洋書でもAlan Flusser, *Dressing the Man: Mastering the Art of Permanent Fashion*, It Books, 2002などは言葉がわからなくても、見ているだけで心が弾んできます。

棚作りという点では、こだわりに応えられる本棚という点も重要です。近年、「こだわりの○○」といった煽り文句がまちに溢れていて、かえって辟易させられることも多くあります。本来、洒落者・粋人ならばこだわりなどあって当たり前。知識と経験に支えられた正当性を嗜みとして身に着けていてこその〝粋〟ではないでしょうか。身に着けるものには理由がある。いや、理由があるからこそ身に着けている。では、理由とはなんぞや。その問いに応えられる本棚をつくらなければなりません。スーツの素材や形、万年筆のインクの色。靴の種類から女性のエスコートまで。文化的背景や由来がわかるような本を揃えておくことで、図書館への信頼につながります。誰しも好きなものに対して、蘊蓄《うんちく》の一つも交えて話を転がしたいと思うのは自然なことではないでしょうか。

粋を感じられるコレクション

男性ファッションの入門書として、大河原遁『王様の仕立て屋―サルト・フィニート』（集英社　2004年～）は大変良い本です。この本はコミックスなので、わかりやすいことはもちろん、先述したようにしっかり取材監修が入った上で書かれています。洋服の蘊蓄を面白く学べます。落合正勝『新版　男の服装術―スーツの着こなしから靴の手入れまで』（PHP研究所　2004年）も勉強になります。クラシックの理論を学びたいときはこの一冊。一度目を通せば、男性服に対する意識がガラッと変わります。普段何気なく着ていたスーツや普段着を見直すきっかけになる一冊です。また、きちんとした知識を踏まえた上で、冒頭に触れたファッション雑誌を読んで最新の動きに目を通しておくこともためになります。男性ファッション雑誌のバックナンバーを棚に並べておいたり、ファッション写真集の表紙を見せたりするのも華やかで良いでしょう。横山明美『ロンドンのホテルマンの制服』（新紀元社　2011年）はイギリス服が漂わせる雰囲気を感じられますし、片瀬平太『ナポリ仕立て　奇跡のスーツ』（集英社　2006年）は職人の世界を垣間見ることができます。

いろいろと本を紹介してきましたが、「この本とこの本を読了すれば、あなたは粋人！」ということではありません。もしそのような考えをぶち上げたとするならば、その考え自体がそもそも無粋であることは明らかでしょう。〝男の粋〟〝こだわり〟は生き方や経験などその人の内側からにじみ出てくるものです。先述したとおり、洒落者にこだわりはあって当然。こだわりの質を高めるのに役立つ棚が身近な図書館にあったなら……。そんな想像をしたら、ちょっと棚を覗いてみたくなりませんか？

あなたの時間の使い方は有意義ですか？

人間は考える葦である――パスカル

昨今、「スローライフ」や「断捨離」などの言葉が取り上げられ、精神の充実を目的としたライフスタイルが、そこかしこで提言されています。仕事や家事などの〝やるべきこと〟から自分自身を切り離し、〝したいこと〟をする時間をつくる暮らし方。その一方で、考え無しに情報を信じ込み「スローライフに過ごすには〇〇をしなければいけないのだ」と、かえって〝やるべきこと〟が増えてしまっている本末転倒なケースも見受けられます。

さて、人間は思考することができます。なにかを思うがままに考えて、想像の翼を広げることは大変な喜びであり、贅沢な時間の使い方です。確かに本を読んで物語の世界に浸ることはもちろん良いことです。しかし、日常のちょっとしたことをゆっくり考えてみる時間を持つというのも、同じくらい良いことだと思うのです。19世紀のドイツにショウペンハウエルという哲学者がいました。彼は「読書とは他人にものを考えてもらうことである。一日を多読に費やす人間は次第に自分でものを考える力を失っていく」と著作『読書について』の中で述べています。図書館員が「本を読まない方が良い」とすすめたら笑い話ですが、自ら考えるための読書というものは魅力的なテーマでもあります。「思考」を扱う分野として「哲学」があり、哲学本と言ったらどんな本が図書館にあるか、またコレクションできるかをご紹介していきます。

哲学書の種類

「哲学」と聞いてどんなイメージがあるでしょうか。堅苦しかったり、難しい言葉が並んでいたり、回りくどかったりと敬遠される方も多いかと思います。哲学の本には大きく分けて3種類の本があります。

①論考本：哲学者本人の思考の記録
②解説本・入門書：論考本をわかりやすいように解説した本や、思考の入門書
③学問本：〝哲学〟という学問についての本（哲学史など）

一般書や学術書といった分け方もありますが、一般の方が哲学の棚を見るときには前述した3種類で分けてみると本を選びやすくなります。学問として哲学を学ぶ場合は③は必須ですが、暇な時間に思考するためのきっかけとして使うのであれば、一番良いのは①の哲学者本人の論考本です。論考本はすべて哲学者本人の考えであるため、言わばフィルターのかかってい

ないむき出しの思考です。哲学者デカルトであれば、「我思う、ゆえに我あり」で有名な『方法序説』が論考本で、いわゆる「デカルトを読む」「デカルト入門」のような本が解説本・入門書です。

有名哲学者の論考本は、哲学の古典として大体の図書館で所蔵しています。論考本を読もうとすると哲学者の個人全集に当たることもありますが、抵抗がある場合、無理をして読むよりは読みやすい単行本スタイルをお薦めします。「人間は考える葦である」の格言で有名なパスカルであれば『パンセ』。「語りえぬものについては、沈黙しなければならない」と言語について語ったウィトゲンシュタインであれば『論理哲学論考』。カントの『純粋理性批判』は有名（もちろん基本書）ですが、難解なので『道徳形而上学原論』。これらのように、必ずしも哲学的な理解ができなくとも、ちょっとした思考のきっかけになる論考本はたくさんあるのです。

時代に埋もれる古き偉人の思考

しかし、図書館で論考本を探そうとすると、図書館によってはなかなか棚に見当たらない場合があるかと思います。図書館は棚のスペースが決まっているため、基本書であっても古い本であれば閉架書庫（本の倉庫）に入ってしまっていることが少なくありません。哲学の分野の出版数は、②の解説本・入門書が圧倒的に多いので、「新しい本を見てもらいたい」という思いが強ければ強いほど、図書館の棚には解説本・入門書が並ぶことになります。入門書はさておき、解説本は論考本あってこそのものなので、図書館としてはぜひ論考本と解説本を並べて置くような本棚をつくりたいところ。もちろん図書館の蔵書検索機で調べればすべての本を探し出すことができますが、「ちょっと暇つぶしがしたい」くらいの気持ちだと探すのも億劫になってしまうこともあるでしょう。

哲学に限らず、各分野の基本書は直接手に取れる棚に揃えてあると〝ちょっとした興味〟を次につなげられる可能性が高まります。〝ちょっとした興味〟は、実はとても知的で、とても大事なものなのです。

きっかけとしての哲学書

「仕事を辞めて時間だけはたくさんあるんだ」という方が、読書という選択をすることは素晴らしいことです。時代小説も良いでしょうし、歴史や教養を学ぶことも大変有意義だと思います。ただ、精神的な充実ということを考えれば、そこに〝思考する〟という選択肢を持っておければ、それは大変に贅沢なことだと思うのです。歴史上の哲学者の思考に触れて、気になった文章を拾ってみる。どういう意味か、自分の周りの環境に当てはまるか、自分の頭で夢中になって考えてみる。ふと気づいた時には、充実した時間が自分を包んでくれていたことを時計の針が教えてくれることでしょう。哲学書は思考するためのきっかけ。立ち止まってゆっくり考える生活を図書館が提案します。

宮崎　篤子（みやざき・あつこ）

高知市立市民図書館勤務。

高知市役所採用後、市民課、市民図書館、自由民権記念館勤務を経て現職。職場の手話研修をきっかけに手話通訳者養成講座を受講後、高知県登録手話通訳として細々と活動中。また、20代の頃からマラソンとテニスにはまり、熱心に練習するも病気のため断念。図書館サービスでの関心事は、児童サービスにおける図書館・博物館・学校図書館の連携と医療情報サービスなど。趣味はよさこいと、博物館めぐり。

こんな本で調べたい

図書館で児童サービスの担当をしています。児童書の選書も担当しています。「本を選べて楽しいでしょう?」と聞かれることもありますが、これが案外悩ましいのです。

意外と知られていませんが、児童書は高価です。「図書館用堅牢製本」と書かれているものなどは、丈夫にできていますが値段は一気に跳ね上がります。3000円程度の値段のものはざらです。5000円を超えるものも珍しくありません。1冊あればよいというものでもありませんし、多くの本の情報の鮮度は数年です。

また、学問的に新しい発見があるたびに興奮しつつも「いつ、児童書が出るのか?　買い替え予算は……」となることになります。

たとえば「ダイオウイカ」。撮影成功!がニュースになると雑誌に掲載され、一般書で発行され、それからやっと児童書で発行されました。しかも次々と類書が!　比較して購入したいのですが、各社で発行時期がずれるので、出揃うまで待っているわけにもいかず、どこかで決めなくてはなりません。予算が少ない図書館はもっと悩んでいるかもしれません。

「こういう資料がほしいな」と思っていると、目に留まる本があります。しかし、内容が物足りない。次の本を待つか、念のため購入しておくか……、毎回悩みます。発行部数の少ないものは、品切れになってしまうことがあるからです。書店や図書館の少ない地方では、買えるときに買っておかないと、地域の図書館にそのテーマの本が1冊もない！ということも起こります。

図鑑も分野ごとにあればいいというものではなく、子どもたちが調べたいものが載っているかどうかがキモです。

高知市の小学校だと、高知県立のいち動物公園で飼育されている「ハシビロコウ」が載っている図鑑が必要です。数年前までそれが載っていたのは『世界鳥類大図鑑』（バードライフ・インターナショナル総監修　ネコ・パブリッシング　2009年）くらいしか見当たりませんでした。もっとポピュラーな動物であればな……と嘆きつつ、動物図鑑の新刊が出たら「高知の動物園にいる動物」を探します。ということは、選書の段階でも索引が必須なのです！

新しく本を買うときには索引だけでなく、目次、ルビの有無、資料写真の出典の明記などを確認します。これらがあれば、たとえ図書館見学の時のわずか15分の自由時間に「〇〇が載っている本が見たいです」と、次から次へと聞かれても大丈夫なのです。「この本の、ここが索引だからね。探したいものの言葉をひいて……あったね！　この数字のページを見てごらん」

「次の人はなあに？」と、気分は乱取り。この時間があるとないとで、ただの施設見学か、図書館には読みたい本がある！と思ってリピーターになってくれるか、違ってくるのです。

おかげさまで？毎週の選書の時間には「本を後ろから開く」癖がついています。

中には「知識の本」のはずなのに目次も索引もなく、私たちを残念がらせる本もあります。写真も美しいので、低学年の単元に使いたいが使えない。調べるとは、最初から最後まで読んで目的の項目を探すのでも、あてずっぽうに頁をめくるのでもないのです。

出版社の編集部に電話で問い合わせたこともありました。

「調べる本で出版されているのに、目次も索引もありません。もしかして落丁でしょうか？」

「いいえ、問違いではありません。本を最初から最後まで丁寧にみてもらいたいと思って、あえて目次も索引もはずしています」

「そのことは監修の○○先生はご存知なのでしょうか？」

「先生はご存知ないと思います」

……このときの、なんとも言えない気持ち。研究者なら、検索できることが大事だとお考えだと思うので。

ついでながら、この時は著作権者に連絡して「学校図書館で目次と索引を作ったので、自分の学校だけで本につけて使ってもよいですか」と、許可を取った学校図書館の担当者もいました。

完璧！という本はありません。しかし、ずっと選書をしていると、「このテーマはこの本が基準になる」と思う本が出てきます。国旗の本もいろいろ出版されていますが、『世界の国旗・クイズ図鑑』（辻原康夫監修　あかね書房　2011年）は凡例が大変丁寧でした。特に「旗の色調は、その国が指定した本来の色にできるだけ近い色を再現しました」という一文に感激しました。

時折「子ども向けの本では物足りない」という子もいます。好きなことに関する知識は大人顔負けという子どもはいるものです。彼らの知識を体系化するための本が必要だと思います。自ずと守備範囲は一般書に広がっていきますが仕方ありません。

子どものつぶやきに耳を傾けていると、独り言なのか、誰かと話したいのか、本当に本で見てみたいのかと迷うことがありますが、できるかぎり「この本に、あなたの知りたいことが載っていますよ」と手渡したいものです。

そのときの子どもたちの嬉しそうな顔。本来、学ぶとは楽しいことなのだと実感します。だから、手を抜かずにやっていけるのかもしれません。

また、高知市内の学校からの貸出依頼も多いのです。年間約２００件の調べ学習用の貸出に対応しています。さまざまなテーマでの依頼がありますが、１回に50〜１００冊の資料を準備しています。そんな関わりもあって、この数年、高知県学校図書館協議会主催の調べ学習の研修会にも参加させていただきました。実際に使われている教科書をベースにして、百科事典の使い方やテーマの決め方などの指導の方法や、どのような本が調べやすいかを学びました。

本は使ってなんぼだと実感します。もっとマニアックに探求していきたい分野です。

「スポーツ」×「読書」＝∞（無限大）？

いきなり私事で恐縮ですが、社会人になってからテニスと陸上をしていました。競技人口の少ない高知の社会人スポーツでは、団体戦のメンバーがなかなか揃わず「テニスが下手でも選手」「タイムが遅くても選手」になれてしまいます。私自身は初心者にもかかわらず、駅伝のチームメイトにはウルトラマラソンや国際マラソンに出場する人たちがいましたし、テニスのシングルスの試合にエントリーすれば、いきなり高知県ランキング1位の選手に当たりました。足をひっぱることもあり、なかなか厳しい経験でしたが、そこから学んだことはスポーツで恥をかいても大事にはならないということです。

ところで試合やレースのライバル？たちも、図書館に来れば「利用者」となります。出会った選手たちが、図書館の本に興味を示してくれるかどうか想像してみました。たとえばスポーツの上達に読書が有効か考えたとき、一般の試合に出場するような強い小学生に、子ども向けのテニスの本では物足りないでしょう。

そんなわけでスポーツの本は気になりますし、ついおすすめしたくなります。たとえば小学生の図書館見学のとき、フロアを順番に案内していると、面白い反応があります。

「本の背中にあるラベルの数字を見てください。4は主に算数と理科、2は歴史です。世界史、日本史、地図や国旗の本もあります。3は社会」という風に案内をしていきます。「7は芸術、スポーツ、頭脳スポーツです。まんがもここに入ります」などとコメントしたあと「みなさんは何かスポーツをしていますか？」と問うてみます。

その瞬間、ビシッ！と音が聞こえそうな勢いで手がまっすぐにあがり、「僕はサッカー！」「野球！」「テニス！」「水泳！」「一輪車！」と、子どもたちの声で場が一気に活気づきます。市場の競りかと思うくらいです。

そこで「野球の本は、ここ」「ドッジボールの本はこっち」「アスリートのための食事の本もあるよ！」「大丈夫！　たくさんあるからね！」と声をかけ、次の棚へ……。子どもたちは自由時間になると、さっと棚に走ります。好きなことにはすぐに反応するなあ（笑）。

先日は、新刊のドッジボールのルールブックを見つけた男の子が、「この本をみんなに教えちゃりたい。みんな、ルールを知らんとやりゆうき喧嘩になるがよ。これで勉強したらいいのに」とつぶやいていました。

なるほど！

そうやって使ってくれるとほんとうに嬉しい。

個人的にはここに図書館サービスの鉱脈がある！と思うのですが、児童サービスの研修で取り上げられたことはないような気がします。

また、競技人口の少ないと思われる種目も問い合わせがあります。テコンドーやカポエイラは一般書を入れました。

好きな選手の本があったらもちろん借りられていきます。みんな、あこがれの選手がいるのです。あこがれがおよぼす影響は『「できる人」はどこがちがうのか』（斎藤孝　筑摩書房　2001年）の中でも述べられています。シドニーオリンピックのサッカー日本代表の高原直泰選手は中学校の監督に「ファンバステンのようになれ！」と言われたことで、あこがれ、プレイを真似することで自分のプレイスタイルを身に付けたと語っています。それについて斎藤氏は100頁で、次のように述べています。

> 中学生に「海外の超一流選手のプレイスタイルを身につけろ」と言うのは、一見無茶な指示のようだが、子どもはこうしたやり方には意外にやる気を出す。というのは、超一流選手のプレイには、高原の言うように「感動」があるからだ。感動や強いあこがれがなけれ

ば、トータルにプレイスタイルを盗む意欲は生まれない。はじめからいきなり最高級のものに出会わせるというのは、その意味で教育の王道である。

ところで「図書館でスポーツの棚を作りたい！」と思うようになったのは、漫画『ベイビーステップ』（勝木光　講談社　2007年〜）を読むようになってからでした。『週刊少年マガジン』に連載中でアニメ化もされています。

主人公はコーチにも恵まれ、仲間にも恵まれ、何よりも、自分でレッスンや試合を振り返り、ノートに書きまくる通称・ノートの奴、丸尾栄一郎。

その真摯な姿に脱帽です。考える奴が強くなる、いまテニスができるなら真似したい。読みながら、脳内で妄想ブックトークをしています。これも棚作りのイメージトレーニング！

栄一郎が初心者の頃、うまく壁打ちができない彼に心の中で『イラストで見るテニス・ドリル300』（小清水英司ほか　大修館書店　1984年）をすすめていました。レッスン用のドリルが300もある本です。これなら、さすがに次のドリルは何にしようかと迷ったりすることがなくて、時間が無駄にならないはずです。

フォームで迷っているときには技術書。サーブ&ボレー、ストローク……、分解写真を自分の参考にすることができれば、相当なレベルです。

ストロークの組み合わせを考える姿には戦術書。

動体視力を鍛えたいときには『一流選手になるためのスポーツビジョントレーニング』(石垣尚男　講談社　2014年)なども。

筋トレもストレッチもテーピングもメンタルトレーニングの本も要るよね?と心の中で問うています。こうなると漫画の主人公でさえ、図書館の利用者に思えてきます。

作者はテニス経験者だそうですが、読んで真似したら強くなれる漫画が出た!図書館もがんばろう!と、司書としてライバル心が芽生えています。

読書でスポーツに強くなるとストレートには言えないまでも、考えて練習する選手が伸びるので、やりようはあるはず。興味のある分野の本なら一度は手にとってくれるのではないかと思います。やめてからも夢中になった記憶は残ります。指導者や競技人口が少ない地方のハンデを読書で補えないか?　そんなことを考えています。

あきらめない、がんばれる。——病気になったら図書館へ

数年前のある日、友人から連絡がありました。

「がんで手術をして入院しているけれど、原因のわからない痛みがあって気になって仕方がないがよ。あつこ、自分が病気した時にいろいろ調べよったろう。なんかわかるがやないかと思って電話したがよ」

手術をしたことも知らなかったので、驚きました。急いで、がん相談センターに電話をしました。担当者の方から、いくつかの選択肢を示され、本人からの連絡を待っていると言って電話は切れました。

その後、友人はセカンドオピニオンを受け、転院が決まった時はほんとうに喜んでいましたが、春になって訃報が入りました。寝耳に水の友人たちに連絡をし、みんなでお別れに行きました。もっと何かできたのではないかという後悔が残りました。そんな思いを何度かしています。

友人のときだけでなく、病気を経験しているから……ということで時々相談を受けます。面識の無い方から連絡をいただくこともあります。さまざまな質問をされますが、残念ながら私

の経験と知識では相手の期待する「大丈夫！　治りますよ！」という答えを言えません。そのことをお伝えした上で「図書館に行きましょう。図書館であなたの病気のことを調べてみませんか」とすすめてみますが、反応は良くありません。特に、本人がまだ病気を受け入れられていない時や体調が悪い時はなおさらです。素人の言うことよりも、本やデータベースのほうが情報源としてよほど信頼できると思うのですが、〝誰かがこう言った〟という方が受け入れやすいのだと実感します。最初の治療が終わった後も、再発とか、副作用とか、別の病気の発症とか、世の中にはいろいろサプライズがあるがやきね！いまのうちに備えちょこうや！と相談された私の方が心配で悶々としてしまいますが、不安感をあおるわけにもいかず、その気になるまでひたすら待ちます。その気になってもらえれば出番がある……というのが正直なところです。

ある方とのやり取りでは、「もしかして、入院先の病院に図書館ないですか。そこに問い合わせてみたら。レファレンスサービスといって、調べたい情報が載っている資料を探してくれるサービスがありますよ」とお伝えしてみたら、「図書館で、そんなことできるんですか？通院先は大学病院ですからあります。問い合わせてみます」ということになり、「丁寧に調べていただきました。論文をいくつも紹介してくれました。図書館でこんなに情報をもらえるとは思いませんでした！　びっくりしました！」という報告をいただきました。

「図書館で調べる」と言っても、全部自力でしなければならないわけではないのですが、実際に利用してみないとわかりにくい部分ではあります。

それを踏まえて、がん告知後に読む最初の一冊として、『患者必携　がんになったら手にとるガイド』（国立がん研究センターがん対策情報センター編著　学研メディカル秀潤社　２０１３年）をおすすめしています。本書は告知以降に起こるさまざまな問題が簡潔にまとめられていてわかりやすいです。28頁には「病院・地域の図書館を利用してみましょう」というコラムがあって図書館利用の参考になります。また、別冊「患者必携　わたしの療養手帳」が付いており、患者自身の課題の整理に有効です。私自身も購入してプレゼントにも使っています。

実際のところ、治療について図書館が踏み込める範囲は深くはありません。けれども、ドクターに何を聞いたらいいのかわからない、病気になっても充実した時間を過ごしたい、と考える人には役に立つところです。そんな視点で図書館の棚を眺めてみてほしいと思っています。

病気になったと言われた時、患者の中には、自分のそれまでの生活が原因だと思って、生活を変えようと努力をする人もいます。患者は無意識に自己規制をしてしまうので、そのことが生きる楽しみを減らしているようにも思います。根拠のない我慢はもったいないと思いませんか？　生きていく上で、治療法に関する情報は最低限のものです。治療以外の日々の生活に関する情報があると、サポートをする周囲の人もかなり楽になります。

毎日を楽しむため、図書館の蔵書として医療情報と併せて紹介したいものをあげてみます。

①みだしなみ――いつもと変わらぬ自分でいたい
『リハビリメイク―生きるための技』（かづきれいこ　岩波書店　２００２年）など、薬の影響で顔がむくんだりした時のメイク法などを紹介した本があります。冠婚葬祭や治療中の職場復帰など、人前に出る必要があるときに使えます。

②社会参加――病気になったから見えたこと
病気になったことで意味のある活動をしたいと考える当事者は少なくありません。患者自身が発言することで、がん対策基本法が成立したり、さまざまな治療薬の認可が進むなど、社会が変わってきました。たとえばがん患者であり、国会議員として活動された山本孝史氏の著作をはじめとする本も参考になるでしょう。闘病記も多数出版されています。きっと何らかのヒントが得られるでしょう。

③闘病中の食事――少しでもおいしく、楽しく

図書館には闘病中の方のための食事の本があります。治療中は薬の影響で食べ物に制限があったり、味覚に異常を感じたり、好みが変わったりします。治療や薬の副作用で食事が口に入らない時、医学的な根拠について知っておくとしのぎやすくなります。外食をしたい時、レストランにメニューの相談をするなどの工夫ができます。

④社会復帰のための資格取得――まだまだ働き続けたい

病気をきっかけにそれまでの仕事を続けることが難しいことがあります。そんな時、資格取得が必要になるケースが出てきます。病院でも病室や待合室で勉強をされている姿をよく見かけます。力を入れたい分野です。

⑤ユニバーサルデザイン――外出はいつも楽しみ

車いす等で移動する時、目的地までの道も含めて、移動困難な施設や場所があります。障害をもつ方々の買い物を支援するタウンモビリティのようなサポート体制が組まれるときもありますが（平成27年度より、高知市にはタウンモビリティステーションが開設されました）、バリアフ

リーマップ等で多目的トイレの整備場所等、外出先で困らない情報を提供します。

⑥終活――最低限の準備を

重篤な病気を告知された時、一度は覚悟すると思います。いわゆる身辺整理の他に残される家族のためにしておきたいことや、やり残した仕事の整理など。障害を持つお子さんが残されるときに財産管理をどうするかなどの情報の提供は、専門機関への紹介も含めて行っていきたい部分です。

⑦子育て――子どもたちのためにできること

病気の治療中、治療後は行動にさまざまな制限がある時があります。子どもも我慢が必要な時がありますが、幼い子どもだとそういうわけにもいきません。手術後、抱っこやおんぶをせがまれてもできないということもあるでしょう。公園や遊園地などへの外出も難しい……。そんな時に無理なく一緒に楽しめるのが絵本です。いつも通り、楽しんでほしいと思います。そして閉じこもるばかりでなく、いろいろなイベント情報から、室内で無理なく楽しめるものを選んでほしいと思います。

子どもたちのための情報提供が大切です。子どもは親の病気を敏感に感じ取ります。中には自分のせいではないかと責任を感じる子もいます。どこまで伝えていいか悩むこともあるでしょう。そんな子どもたちに語りかける内容の本もあります。

また幼い頃から、うがい・手洗いは習慣づけることができます。親が入院中に面会に行く時のために、感染症の知識もあった方がよいでしょう。自分の家族を守るために必要な知識です。それが周囲の患者を守ることにもなります。

いま多くの図書館で医療情報コーナーが設けられています。できればそのコーナーはプライバシーが守られ、居心地が良く、楽しい空間であってほしいです。もちろんユニバーサルデザインも配慮していてほしい。動線はシンプルである方がありがたいです。体力が無い時に、やっとの思いで図書館に辿りついたのに読みたい本の棚が遠かった、となるとがっくりきますから。

病気になっても貪欲に生きられるように。

そのお手伝いができたら、とてもうれしいです。

にぎやかに、手で話して。

手話を使われますか？

私の場合は、手話を主なコミュニケーション手段とする聴覚障害者の友人知人がいますので、使います。〝手話を主なコミュニケーション手段とする〟と仰々しく書きましたが、難聴者や中途失聴者など、文字を主なコミュニケーション手段とする場合もあるので、聴覚障害者＝手話ではありません。さらに言えば、視覚と聴覚に障害を持つ盲ろう者の方のコミュニケーション手段は、指点字や触手話、接近手話です。私は、ギャラリートークの手話通訳をすることがありますが、私の手話通訳を聴覚障害者の方が、盲ろうの方に接近手話で通訳してくれたりします。参加される方の熱心な観覧ぶりを見ると、ひとりひとりに本当に伝えるためにはきめ細やかな対応が必要だと実感します。

いまでこそ、それぞれに合ったコミュニケーション方法をとるようになってきましたが、最近まで、ろう学校でも口話教育中心で手話を禁止している学校があったそうです。私が手話を習い始めたころの高知もそうでした。健聴の子どもが学校で手話を習うのに、ろう学校の子どもたちが手話を使えなかったのです。そのために「手話を禁止されては、子どもとコミュニケーションがとれない」と悩んだ保護者の方に相談されたことがあります。調べてみると、県外に手話教育をしている学校があることがわかり、転校を決められました。まだ、バリアフリーやユニバーサルデザインという言葉が一般的でなかったころでした。

さて、目は見えるのだから筆談はできると思われがちですが、聴覚障害者の方の中には文章の読み書きが苦手という方が珍しくありません。もともと文章は音声言語を文字にしたものなので無理もありません。聴こえない状態で話せるようになるのは困難なことです。

そんな聴覚障害者の人たちに、文章の塊である本がずらっと並んでいるイメージの「図書館」は相当ハードルが高い施設だと思います。実際、聴覚障害者の方に「聴覚障害者は図書館を使わないから」と言われたこともあります。この言葉に発奮したのも本当です。大人はよくても、子どもはどうするがよ？

もしも、自分が手話を習っておらず、聴覚障害者の友人がいなかったら納得していたと思います。図書館以外にも、視聴覚障害者への情報提供施設があるから……と。

けれども、情報提供施設や手話通訳者と、図書館の強みは違います。何より手話講座やサークル、通訳時に見聞きするさまざまなことが、私に「ここに図書館サービスの種があるよ」とささやくのです。

「大人になっても、廿代町《にじゅうだいまち》って地名が読めなかった。他にも読めない町名がある」という講座での講師の言葉には、町名一覧の載った地域資料を。

「美術館で手話付きのギャラリートークがあるなんて知らなかった！」という友人の声には、展覧会の関連資料や画集やイベント情報を。

「有名な古典文学とか読んでみたかったけれど、漢字が難しくて……」という方には、ふりがなと解説付きの文学全集を。

「病気になったと言われたけど……」という時には、医学書や相談機関の案内を。

また、防災に関する情報も重要です。災害時の基本的な知識があれば、自分の判断で逃げることができるでしょう。東日本大震災での障害者の死亡率は、健常者に比べて多かったそうです。この事実を受けて「生命（いのち）のことづけ～死亡率2倍　障害のある人たちの3・11～」という映画も制作されました。映画には字幕と手話と副音声がついています。聴覚障害者協会の方は「この映画は健常者にも見てほしい」と言われます。障害者が災害弱者となってしまう現状について、まだまだ知られていないからです。

その他、図書館のコレクションとしては、字を読むのが苦手でも気楽に本が読めるよう絵記号やイラスト、写真を多く使っているＬＬブック、コミックス、字幕付きの視聴覚資料など、視覚的にわかりやすく聴覚障害者にも利用しやすいと言われる資料、そして比較的簡潔にまとめられている児童書の活用も考えられます。

このように図書館での選書について、聴覚障害者に届きにくい情報や使いにくい媒体は何か、逆に発信したい情報は何かということを意識すると、これまでの選書やサービスとは視点が異なってくるように思います。

また図書館は、聴覚障害者ばかりでなく、通訳者にも利用してもらいたいものです。通訳の準備に講師の著作を読んでおく方は多いのですが、書店では入手できないものもあります。そういうときには図書館が使えます。必要な本が所蔵されていない時は、相互貸借制度で他の館から取り寄せることもできます。

手話学習のために手話辞典などの資料はもちろん必要です。また、聴覚障害者団体が発行している機関誌類、研究書などは、行政サービスやまちづくりを行う立場の人にも有効だと思います。

２０１６(平成28)年度からは、障害者差別解消法も施行されます。鳥取県など手話言語条例を施行した自治体も出始めました。聴覚障害者団体が手話言語法の制定を目指して運動しているのを見ると、これから〝世の中〟がどんどん変わっていくことが期待できます。だからこそ、コレクションの構築とともに、サービスの仕組みづくりとそのＰＲが大事なのです。

　数年前のことですが、ある複合施設の図書館を訪れたら、偶然、同じ階に視聴覚障害者情報提供センターがあるのを見つけました。「この近さなら図書館も活発に利用されているかも」と担当の方に尋ねてみたら、あまり利用されていないとのことでした。

　理由のひとつは、聴覚障害者はにぎやかだから！

　聴覚障害者は自分の声も聞こえにくいので音量の調節が難しいのです。聴覚障害者同士で話しているといつの間にか声が大きくなっていて、注目を浴びてしまうのを気にしてしまうのだそうです。それに、「本を読むより、みんなと話している方が楽しいみたいです」とのことでした。残念！　その時はもったいなく感じましたが、いまは連携が進んでいることを祈ります。

　これからのサービスを考えた時、サービスの内容がわかりやすいホームページになっているか、メールやファックスでの問い合わせに応じられるか、来館した時に迷わないような館内サインになっているか、図書館員とのコミュニケーションはスムーズに行えるか、周囲を気にせず落ち着いて話せる場所はあるかなども大切なチェックポイントだと思います。

どれが欠けても、図書館利用のハードルとなってしまいそうです。

けれども、これらが実現できたら、聴覚障害者だけでなく誰にとっても使いやすくなっているのではないでしょうか。

新しい施設でもサインが足りず追加されていることがありますが、ユニバーサルデザインの視点で、できるだけ事前に考えておきたいものです。

まずは気軽に足を運んでもらえる場所になりますように。

ヒーローの本はどこですか？

お尋ねします。近くの図書館にヒーローの本はありますか？

弟がいたせいもあって、戦隊もの、ヒーローものは身近な存在でした。

私が子どものとき、保育園の行事で近所のおじさんがウルトラマンに、私の父は怪獣に扮して劇をやっていた覚えがあります。衣装は手作りでした。毎晩少しずつできていく怪獣をかすかに記憶しています。レインコートの上下にラッカーを塗ったうろこを張り付けるというシンプルな造りでしたが、ものすごい迫力でした。子ども心に「どうしてお父さんが怪獣になっちゅうがやろう？」と思っていましたが、体型の都合による役割分担だった、と今ならわかります。

当時から、ウルトラマンは人気だったのです。大人になってからも、ゴジラやウルトラマンについて熱く語る友人に会うたびに、子どものころ好きだったものはこんなにも強く心に残るのか！と感動していました。「あのシリーズの○話は、□□がテーマだったんだよ」と説明してくれます。こちらが観た気になるほどに。

大人になって勤務するようになった図書館でも、これらの本は購入されており、次々と借りられていきます。こども室の書庫にはゴジラが表紙の約500頁もある『東宝特撮怪獣映画大鑑』（竹内博編　朝日ソノラマ　1989年）があります。当時の子どもたちの手に取られていたことでしょう。

これらの本は、子どもたちにものすごく喜ばれます。

見つけたら、「あった！」と叫び、手に取るなりそのまま、座り込んで熱心に読みふけります。圧倒的に男の子が多いです。カタカナが読めない子もあっという間に読めるようになっていきます。いつも「好きこそものの上手なれ」という言葉を実感します。

当館のこども室にはこれらを集めた「ヒーローコーナー」があります。特撮ヒーロー、戦隊ヒーローの本、アニメ映画の本など。たった4段分の本棚ですし、サインもつけていません。でも人気のコーナーです。これは10年以上前、ある男の子がこども室のカウンター前で「ヒーローの本はどこですか？」と、目を輝かせて礼儀正しく尋ねたことからできたコーナーです。当時の担当者たちに「わかりました。そんなに好きなら、コーナーを作りましょう！」と、決心させたひとことでした。

けれども人気があるので、すぐに借りられないこともあります。そんな時は予約をしてもらいます。

「トッキュウジャーの本、ありますけど他のお友だちが借りていて貸出中です。予約しますか？　順番が来たら、おうちに電話しますから、待ってもらえますか」と聞いてみます。たいていは「うん」という返事なので、予約の手続きをし、予約票を渡します。彼らはこれで「図書館では予約できる」ということを覚え、我慢して待つことで、待っていた本をやっと手にする喜びを味わうのです。

予約本を受け取りに来た彼らは、「抱きしめて離さない」とか、「スキップしながら帰る」という感じで、「ありがとう！」の声も「さようなら」の声も嬉しそうです。

保護者の方には「おかげで買わずにすみます。全部買っていたらきりがないですからね」というお礼の言葉をいただきます。家計に優しい図書館。昔のヒーローものの本などは、お父さんが子どもと一緒に夢中になって読んでいたりします。

しかし、今回初めてスーパー戦隊シリーズの「烈車戦隊トッキュウジャー」の本を高知県内の図書館の横断検索で探してみましたが、所蔵館がきわめて少ないことがわかりました。「ウルトラマン」も一般書がほとんど。児童書購入の優先順位としては低いのだろうと想像します。あっても、多くの子どもたちが読んだことでぼろぼろになって除籍されたのかもしれません。

一時期に一気に出版されるので購入しだすときりがないと言われることもありますが、そもそも出版点数はそれほどありません。その上壊れやすいものや、付録シールがたくさんあるものなど、図書館に入れにくいものもあるので、実は数タイトル入れるのがやっとだったりします。

ある方には「要は、子どものサブカルチャーをどう考えるかなんだよね」という言葉をいただきました。まさしく、その通り。選書の基準も絵本や物語・調べ学習の本とは、少し変わります。さて、こども室のヒーロー本が、どんどんぼろぼろになっていくうちにさまざまな本が出版されました。

1980年代にはウルトラマンシリーズの生みの親・円谷英二の伝記や、『ウルトラマンのできるまで』（実相寺昭雄　筑摩書房　1988年）などが出版され、90年代以降、怪獣を描き続けた画家・高山良策の実話を物語にした『カネゴンの日だまり』（江宮隆之　河出書房新社　1996年）、みやにしたつやが「おとうさんはウルトラマン」のシリーズ（学習研究社）を、のぶみが「ぼく、仮面ライダーになる！」のシリーズ（講談社）を出し始めています。『ウルトラマンをつくったひとたち』（飯塚定雄ほか　偕成社　2015年）も出版されました。子どもたちに特撮技術を解説する絵本です。

博物館での展覧会も始まっています。２０１４（平成26）年度には「ウルトラマン創世記展」や「成田亨　美術／特撮／怪獣　ウルトラマン創造の原点」「館長 庵野秀明 特撮博物館」など博物館での展覧会も行われました。

これからも出版や展覧会の開催は続くでしょう。

高知市民図書館の活動目標には「こどもの期待にこたえる豊かな資料を収集する」という項目があります。この項目にこども室担当者のＤＮＡが流れていると実感します。図書館でも博物館の展示を作るときのように、網羅的に資料を収集し、その中でどの資料をどのように提供するかということを考えていきたいのですが、なぜか話題にならないこのジャンル。ここに書くのも勇気がいりました。児童サービス担当には、もっと語るべきものがあるんじゃないのと思われるだろう、とか。逆に本当に好きな人には中途半端だと言われるだろうなあ、とか。でも、子どもたちがこんなに夢中になれるのって、ほんとうにひとときだと思うのです。悩める担当、先輩方に尋ねてみました。

「昔はどんな基準だったんですか？」

先輩の言葉はシンプルでした。

「子どもたちが好きなものは入れる。それが基本じゃないの？」

下吹越かおる（しもひごし・かおる）

鹿児島県指宿市立指宿図書館館長。

2007（平成19）年度より、特定非営利活動法人 本と人とをつなぐ「そらまめの会」として、指宿市立図書館の指定管理者として運営に携わる。2015（平成27）年4月、3期9年目となる。女性だけのNPOとして2館12名の職員と共に地元住民による住民と共にある図書館づくりにあたっている。2013（平成25）年夏、夏期司書講習を受講し司書資格を取得する。共著に『私たち図書館やってます!』（南方新社　2011年）がある。

郷土愛に触れる

地元に居ながら、自分のふるさとのことをどのくらい知っているものでしょう。生まれてからずっとその土地に居たのに、よそから聞いて「そうなんだ」、と驚いたことはありませんか。そこに住んでいる人間は、意外に自分のふるさとのことを知らないものです。

そこで、そこでです。「地元ってどんなところだろう」と、もしそう思えたら地元の図書館に行ってみませんか。地名の由来、料理、昔話、歴史、植物等、意外な情報がポロポロと出てきたりします。

指宿で言うなら、そのワードは、焼酎、温泉、甘藷、写真集、市広報、市誌などであり、そこは市の図書館としては欠かせないところです。特に指宿図書館には「甘藷資料」と言われる資料が約９０００点あります。個人の研究者から託された資料が主で、そのほとんどを2階の郷土資料室に排架しています。この棚をこれからどう守り、どう育てるのかも私たち司書の課題となっています。

指宿図書館では、この郷土の棚に指宿出身の漫画家の川原泉氏と、西炯子氏の作品が面出し

（表紙を見せること）され並んでいます。こういうセレクトもまた、郷土愛と言えるのではないでしょうか。いつか、このお二人を招き、図書館講座でお話していただけるといいな、と企んでいます。

図書館好きのための図書館の棚

図書館に行った際、この棚の前で長く佇んでいる人を見かけたら、「これはかなり通な方かな」と、思っていいでしょう。そしてフムフムなどというしたり顔をし、さらに時々笑顔になりブツブツと物を言い、「写真撮ってもいいですか」的なことになれば、それはもう通以上の人間だと思わざるをえないでしょう。そんな時、図書館員は「どこの業界の人なのだろう」「この棚を見てどうする気だろう」「この棚の現実をどう思っているのだろう」「聞きたい」と思うものです。

そのくらいこの棚は一般の方があまり訪ねないマニアックな棚でもあります。悲しいかな、私自身も他の図書館に行くと必ず見てしまうのが、この010の棚です。この棚の蔵書を見るとその図書館の「図書館」への思いが測れるのです。

ここ数年で出版された本で、この棚に置いて欲しい本があります。内野安彦の『図書館長論の試み』（樹村房　2014年）はもちろんのこと、猪谷千香の『つながる図書館』（筑摩書房　2014年）、鎌倉幸子の『走れ！移動図書館』（筑摩書房　2014年）、神代浩編著の『困ったときには図書館へ』（悠光堂　２０１４年）、岡本真・森旭彦『未来の図書館、はじめませんか？』（青弓社　２０１４年）などがそれです。今日、指定管理者制度も相まって、図書館界は多様化に溢れ大きな変革の渦の中にあると言えるでしょう。これまでの静かな一部のヘビーユーザーが楽しめればいい図書館ではなく、もっと開かれた図書館、既成概念に囚われない図書館のあり方が求められています。

その波が、どういう背景から生まれてきているのかも、先ほどの本たちが教え導いてくれるかもしれません。

０１０の棚の前で「業界の人間か」と、怪しげに見られるのも楽しいかもしれませんね。

おはなしを届ける方々を支えたい

指宿図書館では、本来ならば専門図書の隣に鎮座すべき019の本を、「おはなし会を支援する人へ」の棚へ別置しています。利用者からのニーズに応え、この棚はできました。同じ種類の本を同じエリアに置いた方が、訪ねる側も訪ねられる側もどちらも利便性や相乗性があるという主旨です。

図書館を利用して思うことはありませんか？「この本と、この本は同じような内容なのだから一緒の棚に並んでいたらいいのに」と。ですが、本を分類どおりにきちんと並べようとすると、このどちらにも使いづらいということが起きてしまうのです。

分類どおり並べる。これは法律ではありません。警察官に叱られたりもしません。一つの整理整頓の方法であり、その館でそのことにある程度の道筋を作ればそれは可能なのです。ということで、分類の流れと違う場所に、おはなし会の方々を支援する棚はできたわけです。

子どもに語るとは、第三者におはなしを語るとはどういうことなのか、という本たちがここでイキイキと暮らすことになります。親子読書会関連の資料、プログラムの立て方、選書の仕方、学校司書の仕事、おはなし会での小道具の作り方、演じ方、道具の種類、読書指導もここに住まうことになります。

そして、折り紙、工作、演劇脚本等は両隣の棚にお越し願いました。

おはなしを届ける方々にとって何が必要な情報なのかを汲みながら、そこにどんな本が揃っていたらよいのかを考え、選書や棚作りを心がけています。

あなたの知りたい、を叶えたい

「レファレンス」という言葉をどのくらいの方がご存じでしょうか。司書や図書館関係者であれば、そのくらい誰でも知っていると思うかもしれませんが、これがなかなか。世の中では、そう知られていない言葉のようです。

「レファレンス」とは、図書館利用者が学習や調査・研究を目的として必要な情報・資料を求めた際に、図書館員が情報を提供するサービスのことを意味します。そのために調べる資料のことを「参考図書」と言います。0類の棚にあります。数学は日本十進分類法でいえば4類の棚にいるはずなのですが、「数学事典」になると数学ではなく辞典として分類するため0類の棚にくるのです。なので、専門的に調べたいと思われる方は、まず、図書館のどこに参考資料棚があるのかを確認することをおすすめします。

すべての専門的な辞書、事典、辞典、図鑑、年鑑、白書はこの棚に収まっています。具体例で言うと百科事典、専門事典、人名事典、地名事典、年鑑、便覧、統計、名簿、名鑑、年表、専門図鑑などがそれです。そして、この資料にいきつくまでの資料として目録、書誌、索引という本があります。レファレンスの三大質問は「事実調査」「文献調査」「人物・団体調査」であると言われています。この棚こそが図書館の核たる場所でもあります。図書館業務のなかにある課題解決という仕事を支えてくれる棚なのです。

まず、大きなジャンルをこの棚でリサーチし、それから専門の棚に移行することが一番望ましいでしょう。その際、その図書館がどのくらいの参考資料を持っているかで、図書館の器量が決まると言っても過言ではないでしょう。その棚にどのくらいの資料費を充てているのか、充ててきたのかで、これまでの図書館員の考え方が推し測れたりすることもあります。図書館に詳しい方なら棚を見ただけで、きっとこう言うはずです。「いい司書さんが居らしたのですね。本の選書でそれがわかります」と。

そう言われるような図書館の棚を私たちは作っているでしょうか。未来の司書に認めてもらえるような。

さて、ここまでは冊子体としてのツールですが、これからはオンラインデータベースのツールも必須になってきます。このコンテンツをどのくらいセレクトして品揃えできるのかもこれからの図書館員の姿勢として問われているといえるでしょう。JapanKnowledge、WHO Plus、CiNii Articles、NACSIS等がそれにあたります。

図書館を頼りにして、図書館まで足を運ばれた方々を手ぶらで帰らせない。それが図書館員としてのミッションでしょう。

自分のルーツを知る旅へのいざない

図書館に勤め始めてから8年半、さまざまなレファレンスを受けてきました。その中で印象的だった方のなかにIさんがいます。東京在住で東京生まれ、東京育ちの40代男性でした。両親が指宿の方で自分のルーツを調べて家系図を作ろうとしていました。

家系図の作成に欠かせないのが戸籍抄本です。残念ながらその手の仕事となると図書館ではさすがに無理な話なので丁重にお断りしました。ただ、彼は自分の姓が、どんな地域に住んでいた人たちで、どこにルーツがあるのかを知りたいとのことで、そのことを調べて欲しいとのことでした。そこで役に立ったのが『鹿児島県姓氏家系大辞典』と『さつまの姓氏』でした。他にも『日本苗字大辞典』『地名苗字読み解き事典』なども大いに役立つ資料でした。その他、『家紋の事典』『日本の家紋と姓氏』なども家系を紐解くのに役に立った資料でした。

東京に居るIさんとメールや電話のやりとりをしながら、このレファレンスは続いていきました。本の内容を伝え、その頁への複写依頼がきて、複写したものを郵送するというやりとりが繰り返されました。

ある時、会議で東京に行く事をお伝えすると、「見せたいものがある」とおっしゃるので、待ち合わせの場所に出かけて行きました。Ｉさんが手にしてきた物は、なんと4系統総勢120名にわたる壮大な家系図でした。直系以外の戸籍謄本を取るというのは簡単な事ではなく根気の要る仕事です。かなりの制限も入り、委任状を取るなど煩雑な事も多々あったはずです。が、Ｉさんは諦めずに行政とのやりとりをこなしていきました。

「自分のルーツを知りたい」との思いに、図書館員としてどれだけ沿えたか自信はありませんが、少しでもＩさんのお手伝いができたのではないかと思うのです。

その日、Ｉさんは毛糸帽を被っていました。「放射線治療で髪が全部抜けてしまった。ほら、こんな坊主になってしまったよ。このまま出家するかな」と、明るく笑って見せました。

それから暫くして、久しぶりに入った情報をＩさんにお伝えしようとメールをしました。数日して、Ｉさんの名前のメールが受信ＢＯＸに届きました。開いてみると、そのメールはＩさんからではなく奥さまからでした。そこには、数日前にＩさんが他界したこと、「図書館の館長さんがよく相談にのってくれているんだよ」と、話していたことなどが記されていました。

「いつか気持ちの整理ができたら娘を連れて、夫が行きたがっていた指宿に彼のルーツの指宿に行きます。泣かないで館長さんに会える自信はないけれど会いに行きます」と、書かれていました。私は突然の訃報とお別れした時のIさんの笑顔を思い出し、流れる涙を止めることができませんでした。けれど、いつかIさんの奥さまや娘さんとお会いし、彼があんなに努力して作成した家系図や、その中に永遠に生きているIさんの話ができたらいいなと思っています。生き急いだIさんには見えていたのかもしれません。こうして命の系譜を整理する役割が課されていたことを。

Iさんが嬉々として持ってきた家系図は、今でも私のデスクの引き出しの中にあります。

あなたのルーツを図書館で調べてみてはいかがでしょう。

あなたは、どこから来てどこに行くのですか。

共に育て合いましょ、子どもの未来

指宿図書館では、指宿市保健センターと事業連携し、1年に4回、夜7時半から「マタニティおはなし会」に出向いています。「マタニティおはなし会」とは、市主催のマタニティスクールのはじめの30分をいただき、本の紹介をしているものです。毎回、20名近くのママとパパが来られ、話を聞いてくださいます。このおはなし会のあとには、赤ちゃんの沐浴教室があり、パパたちは、ここは出番とがんばって参加しているのです。

このタイミングでの、パパやママへの本のPRは欠かせないでしょう。

その時に持っていく本が図書館内にある「子育て支援コーナー」の本なのです。

このコーナーでは分類を超えて、子育てに特化した本を別置しています。妊娠から出産後の本、名づけの本、子どもの病気、妊娠による女性特有の病気、子育てとゲーム、ネットやスマホ等に関わる本や、イクメン、イクジイ、イクバア等の本です。

子どもの名づけの本は、毎年その傾向が変わっているので気をつけて新しい本を購入しています。使用できる漢字の種類や、その時代の傾向もあります。出版されてから年数を経ている本はほとんど動かないと言っていいでしょう（画数の本は別）。また、逆に子どもの病気の本や不妊治療の本等、時代と共に変化している本はよく借りられています。その変化を捉えることが選書に求められています。

こうして、このコーナーに赤ちゃん、子どもの衣服、洋服関係の593、子どもの髪型、女性の髪型の本594、化粧品の595までが収まります。

この会に出かけることにより、その後ご夫婦で図書館を訪ねて来られ、「あの夜、館長さんの話を聞きました。あれから、主人がおなかの赤ちゃんに絵本を読んでくれるようになったんですよ。とても今幸せです」と話す方や、「赤ちゃんが産まれました」と話してくださる方々もおられました。

本がパパママと図書館をつないでくれた瞬間です。

図書館はこれからも、このまちで子育てしていくママやパパたちの応援団でありたいと思っています。

本で満たされる大人な時間

高齢化は指宿市においても深刻化しています。その中で、その介護や病院施設の問題はさらに深刻です。そんな方々が図書館を訪ねてみえた時、必要な情報が必要な場所にひとまとめになっていることはとても大切なことだと思っています。

ランガナタンの言う「利用者の時間を節約せよ」という言葉を思うのです。

日本十進分類法に基づく3類の棚では、おおよその蔵書傾向をジャンル別に分けて、介護保険制度、はじめての介護、介護手記、体験記、家庭の医学、応急処置、在宅介護、リハビリ、レクレーション、ホームヘルパー、介護職、介護服、食事、施設、老い、生活用品というタイトルで分けています。特に介護手記などは一般的に言って物語であり、本来なら9類にある本です。ですが、9類の中に埋もれていたら直接的に介護する方の力になることは少ないだろうと思っています。その思いから3類へ移しました。

地域福祉課、保健センターから行事等のお知らせや関連資料やパンフレットをいただき、お持ち帰り資料として役立てていただけるようにしました。

市民が健康で幸せを感じるまちづくりをと提唱している市長公室健幸戦略係と連携して「健幸のまち、いぶすきコーナー」を設置し、この3類と4類の人類学とを収めています。さらに、まちづくり、健康、アンチエイジング、食事療法、薬、未病対策、絵本等も収めました。ここでの選書のコンセプトは分類に縛られず、「健康で幸せな暮らしを支える本総まとめ」です。

他にも市の地域福祉部、長寿介護課地域包括支援センターと連携して、「介護している方のための出前図書館」に出かけています。本の持つ力が介護する方の心の癒しや、生きる力になるように本との出会いをセッティングしています。介護する方が辛い現実の中で、その介護のモチベーションを保っていけるような、その方の悲しみまでを受け止めてさしあげられるような本との出会いを考えています。そんな方々に持って行く本の選書も私たちの欠かせない仕事です。

また、なかなか図書館まで足を運ぶ機会のない高齢者に対しては、社会福祉協議会主催の「ふれあいミニサロン」という会に、図書館側から本を抱えて出向き、図書館の紹介や朗読などをさせていただいています。「年をとると目も弱く集中力もなくなるけれど、あなた方が読んでくれるといい本との出会いになります。ありがとう」と、目頭を押さえられたり、お腹を抱えて笑ってくださる方もいます。そして、「また、来やいなぁ（また、おいでねの意味）」と声をかけてくださるのです。

選書の根幹にあるもの。

それは本を手渡す方の「顔」を思い浮かべることができるか、なのだと思います。この本をあの方に紹介したいと思えること、手渡した時の人の顔が見えること、その人のニーズに沿った本を選べているのか、なのだと。それが小さなまちの小さな図書館のウリでもあるのかもしれないと思います。

指宿紬をPRできる図書館に

街で粋にきものを着こなしている男性を見かけたことはありませんか。「この人は何をしている人なのだろう」と、思ったことはありませんか。女性でも普段着としてきものを着ている方は、なんだか優雅に見えてしまいます。洋服が中心のこの時代に、あえてのきものスタイルに潔さや生さ方の覚悟まで感じてしまいます。

古からの日本の服、きもの。そのきものをもう少し生活の中で楽しめたらと思うのです。そのために753の書架に着付けの本だけではなく、きものの小道具の本、きものに合う髪型、きものの歴史、糸、織、染、和裁の本まで揃っていたら便利だと思うのです。今後、購入する本は、ここに集約させ、相互関係から今まで以上に借りられるような、きものライフに貢献できるような棚にしたいと思うのです。スーパーで豆腐の横にひき肉と玉ねぎがあってマーボ豆腐を作りたくなるような、一か所ですべての用が足せるようなコーナーでありたいなぁと思うのです。

昨年、指宿の里山に「桑の実カフェ」というカフェがオープンしました。里山で桑の葉を育て養蚕、製糸、染め、織り、仕立てまでする若いご夫婦が始めたカフェです。これまで指宿になかった「指宿紬」という紬を起業し、養蚕農家ならではのシルク・桑の実・桑の葉をつかった人気ランチ「おかいこ御膳」や、繭玉からの絹糸取り体験がセットになったメニューなどを提供し、六次産業化を進めています。地域の図書館として、そんな方々とも連携しながら独自の棚作りができるといいなぁと思っています。

調べると鹿児島における養蚕の歴史は古く、閉架書庫にはそんな記録がある貴重な養蚕の書物もありました。また、子ども向けの蚕の絵本も最近何冊か出版されています。子どもにも大人にも、蚕のこと、紬のこと、きもののことなどを伝えられる棚を作り、その棚に「桑の実カフェ」の紹介などもできたらいいなと思っています。また、図書館講座などで蚕の話や、なぜ指宿紬だったのかという起業家としての発想、具体的な道のりなどお聞かせ願えればと思っています。

4月から10月までをアロハシャツで過ごす指宿図書館なら、お正月やお盆に、きものでカウンターに立つ職員がいてもおかしくないよな、と妄想しているところです。

大林　正智（おおばやし・まさとし）

1967（昭和42）年愛知県生まれ。早稲田大学第一文学部卒業。民間企業勤務の後、30代終盤で冠動脈の事情により人生の岐路に立ち、図書館員を志す。大学図書館委託スタッフを経て公共図書館へ。田原市図書館主務嘱託司書。司書講習、職場、研修等、図書館関係の現場で劇的かつ運命的な出会いを重ね現在に至る。自称「遅れてきたロック司書」。

ザ・バンドin図書館

ロックとは何か？　一般的に、また簡単に言えば「アメリカ合衆国で20世紀の中盤に、ブルースやカントリーから影響を受け発生した音楽のジャンル」ということになるでしょう。そしてその特徴、本質は「オルタナティヴ＝選択肢、代案」ということではないか、と考えています。ブルースも良いしカントリーも良い、しかしそのどちらでもないもの、として生まれたのがロックです。

そんなロックが最も輝いたのが１９６０年代でした。ベトナム戦争に対する反戦運動、ヒッピー・ムーブメント、五月革命、70年安保。世界各地で、若者が既存のものに対してＮＯを突きつけたのです。ロックはそんな時代に呼応したように盛り上がりを見せました。その頂点が１９６９年にアメリカのニューヨーク州郊外で開催され、40万人以上の観客を集めた野外コンサート、ウッドストック・フェスティバルです。ジミ・ヘンドリクスやジャニス・ジョプリン、ザ・フー、グレイトフル・デッドなど多数の有名ミュージシャンが出演しました。

そのコンサートに参加しながらも、マネージメントの問題でアルバムと映画から外れているのがザ・バンドです。一説にはギャラの問題とも言われていますが、「イベントの趣旨に賛同できなかった」という説にも信憑性が感じられるほど、彼らの演奏や存在は浮いていたようです。体制に異を唱えるフェスティバルで浮いてしまうというのはオルタナティヴに対するオルタナティヴ。一周回って保守のようですが、彼らの音楽は単純に保守的なものではなく、アメリカの伝統的な音楽、ブルース、カントリー、リズムアンドブルース、ゴスペルなどの最良の部分を掬いあげ独自の方法で再構成した、既存のアメリカ音楽に対する対案であり、選択肢の提供だったのです。

4人のカナダ人と1人のアメリカ南部人によるこのバンドが、真にアメリカ的なロックを作り上げたというのは不思議にも思えますが、それがロックというジャンルの特徴的なところなのかもしれません。ロックとは、異邦人によるアメリカ発見であり、アメリカで発見され世界へ伝播していく、その過程なのだ、とも言えるでしょう。

ボブ・ディランがオートバイの事故で隠遁生活に入ったときに、地下室でのレコーディング・セッションを共にしたことで彼らはお互いの音楽に大きな影響を与えあいます。そのときの録音の全貌が「ザ・ベースメント・テープス・コンプリート」として2014(平成26)年に、実に47年目にして完全版というかたちで発表されました。このことで、ザ・バンドの音楽についての再評価がされることでしょう。

ザ・バンドに関する資料が図書館にあったほうがいい、と私が考えるのは、ザ・バンドの音楽的価値が高いからではなく（確かに価値は高いとも思いますが）彼らの存在が唯一無二だからです。人気、影響力ということではビートルズやローリング・ストーンズ、レッド・ツェッペリンには及びませんが、ロック音楽の中でオルタナティヴ＝別の選択肢がある、ということを示したという意味では、最も偉大なバンドのひとつと言えるでしょう。

課題解決のためには「この道しかない」というのは図書館の示すべき態度ではありません。利用者、市民のためにできる限りの選択肢を用意しておきたい。そして世界が豊穣で、多様であることを共に喜びたいと思うのです。

そんなわけで、図書館のロック音楽のコーナーにザ・バンドの本があったとしたら（ＣＤやＤＶＤがあればさらに結構です）、それは何か象徴的なことなのでは、と思ったりもするのです。

参考文献

グリール・マーカス著　三井徹訳『ミステリー・トレイン　ロック音楽にみるアメリカ像』第三文明社　１９８９年
リヴォン・ヘルム著　菅野彰子訳『ザ・バンド　軌跡』音楽之友社　１９９４年
バーニー・ホスキンズ著　奥田祐士訳『ザ・バンド　流れ者のブルース』大栄出版　１９９４年
『ボブ・ディラン&ザ・バンド＝BOB DYLAN & THE BAND：ザ・ベースメント・テープス：THE DIG Special Edition』シンコーミュージック・エンタテイメント　２０１４年

マニアック！　幻想文学

図書館員は本が好き。まあ、当り前みたいなもんですが、だいたいそうですね（もちろんそうでもない人もいるし、それはそれでいいのです）。で、専門分野というか得意なジャンルというのがそれぞれあるわけで、それでこういう本（本著のことです）ができあがる。そうは言っても好きな本、というと小説をあげる方が多いような気がします。文学は図書館員にとっては、まあまあ得意分野なんですね。だってカラマーゾフの三兄弟の名前を知らないと司書資格が取れないし（嘘です）、大江健三郎を全部読んでないと採用試験に受からないし（デマです）、『失われた時を求めて』のあらすじを言えないと同僚に白眼視されますから（冗談です）。

しかし「文学」の前に「幻想」がつくと話は別です。ゴーレムとかネクロノミコンとか言ってもちょっと不思議なものを見たような顔をされますし、何より蔵書を見るとあれがない、これがない、と思わせられる状況です。これは図書館が幻想文学を得意としてない、ということなのではないでしょうか。

ではなぜ幻想文学が重要なのか？　ひとつにはそれが物語、文学の根源であるから、と私は考えています。日本最古の物語と言われる『竹取物語』や世界最古の文学と言われる『ギルガメシュ叙事詩』も内容を見ると幻想文学の範疇に入るものです。フィクションというものは現実を超えたところにその本質があるのではないでしょうか。

図書館は世界につながる扉。どんな小さなまちの図書館でも世界で最高のものに触れられる、というのがよいところです。人類の文化の根幹にあるものならば是非図書館になければ、と思います。

しかしあまりに広くて深いこの世界、どうやって入っていったらよいでしょう。図書館に置きたいものは、レファレンスブック、全集・叢書・アンソロジーの類、そしてブックガイドです。これがあるとかなり見通しがよくなりそうです。

まずレファレンスブック。作家や作品に関する情報が載っている事典などですが、これはかなりの図書館で充実しています。調べ物は図書館のストロング・ポイントですからね。

次に全集です。ホルヘ・ルイス・ボルヘス編纂『新編バベルの図書館』全6巻（国書刊行会、2012~2013年）。アルゼンチン出身の作家ボルヘスが編んだ濃厚な世界文学全集です。同名の短編小説を書いたボルヘスが既存の作品を使って作り上げた「図書館」はまさに究極。マニアックでありながら入門書にもなるという理想的な全集です。新編は30冊の旧編を6冊にまとめたものなのでボリュームがあり価格もかなりのものですが、一般の読者が買いにくいものこそ図書館で提供できれば、と思います。

もうひとつ「世界怪談集」シリーズ全11巻（河出書房新社、1988～1995年）。こちらは国、地域別の巻ごとに編者が違っているのが特徴で、ドイツが種村季弘、フランスが日影丈吉と「間違いなさそう」な顔ぶれなのが嬉しいところです。また東欧（沼野充義）ラテンアメリカ（鼓直）というくくりで一巻ずつ出ているのも貴重です。こちらは文庫で比較的安価で揃えられるのもいいのですが、現在は購入が困難になっていますので、今持っている図書館は除籍（図書館の図書登録原簿から削除する事務処理）しないで！と願う他ありません。

そしてブックガイド。『私が選ぶ国書刊行会の3冊』（国書刊行会、2012年）。こちらは幻想文学作品を多く出版する国書刊行会が創業40年を記念して作った小冊子です。小説家、翻訳家、文学者など61人が同社の本を3冊選んで紹介する、というシンプルなものなのですが、これがなんともいい味を醸し出しています。

この冊子は同社の40周年フェアを開催した書店で配布された非売品で、通常の流通ルートに乗ることがなかったため、所蔵している図書館はかなり少数となっています。ですので、これを持っている図書館は、職員か、またはヘビーユーザーの利用者が書店で入手してきて寄贈したのだろうか、などと考えると楽しくなってきますね。

このマニアックな世界、とても全貌を把握できるようなシロモノではありませんが、どこに何があるか、どうしたら調べられるか、常に勉強し続けなければならない、手強いながらも楽しいジャンルなのです。

きのこ先生のこと

何かの気配を感じてふと目を上げると、そこに巨大なきのこが生えていたのです。雨上がりの平日の午前、レファレンス・カウンターでのことです。しかしこういうときは動揺を見せるのは禁物です。私は落ち着いてこう言いました。

「こんにちは。何かお探しでしょうか」

するとそのきのこはだんだん形を変え、人間、スーツを着た老紳士の姿になっていき、ついには丁寧な口調でこう言ったのです。

「ちょっと教えていただきたいのですが、きのこの本というのはあるのでしょうか」

これがきのこ先生との出会いでした。

私は、きのこの本はいろいろとあるがどんな種類の本がご所望か、とお尋ねしました。すると先生は「とにかくたくさんのきのこが載っている本を」と仰いました。先生は若い頃きのこ採集にとり憑かれ、世界中を旅してきのこを集めたということでした。数十年をかけた採集旅行に区切りをつけ、故郷に帰ってきたのだそうです。そして旅立ったときにはなかったこの図書館を見つけ、入ってこられたのでした。

「私はもうすべてのきのこを見てしまったような気がするのです。もしもまだ知らないきのこがあるのなら、見てみたい。また旅に出たいのです」

世界中のきのこを見て、なお衰えない情熱。全身がきのこになってしまったのも無理はありません。私は先生が再び旅に出るモチベーションを得られるように、未知のきのこがあるように、と願いながらきのこの棚にご案内し、いくつかの図鑑をお示ししました。

先生は私に礼を言い、近くのキャレルに席をとり図鑑を眺めだしました。私はカウンターへ帰り、業務に戻りました。そして昼休みの後、通りかかると先生はまたきのこの姿に戻っていて、図鑑に集中しているようでした。館内に人間大のきのこが生えていて本を読んでいるというのに、誰も気にする様子はなく、傍らを通り過ぎていくのでした。もしかしたらきのこ姿は私にしか見えていなかったのかもしれません。それも先生というきのこがもたらす幻覚症状だったのでしょうか。

それから先生は毎日来館されるようになりました。ときどきカウンターにいる私に声をかけてくださることもあります。どうやら言葉を話すときには人間の姿になるようでした。

南方熊楠『南方熊楠菌類図譜』（新潮社　2007年）を持ってこられたときは少し興奮した

ようすで「この本は素晴らしいですね。見ていて飽きません。書かれたのはどんな方なんでしょう。この方とはお友だちになれそうです」と仰いました。私が、熊楠が19世紀後半生まれの博物学者で菌類を研究したこと、20世紀の前半に亡くなっていることを話すと先生は寂しそうな顔をされたのでした。

先生は開館時間中は館内で本を読み、夕方になると貸出をしてご自宅で続きを読まれているようでした。もちろんすべてきのこの本です。一度、どうしてそんなにもきのこに惹かれるのか、ときいたことがあります。

「わかりません。なぜだかきのこが好きなのです。きのこ探しの暮らしをしていると同好の士にも出会いますが、自分がきのこ好きな理由を正確に答えられる人間には会ったことがありません」

というのが先生の答えでした。

さて、先生はきのこの棚にある本をあらかた読んでしまったので、他の大きい図書館からお借りするか、それとも、と思っていると案の定先生から声がかかりました。

「もうずいぶん読んでしまいましたね。まだ何かきのこの本はあるでしょうか」

私は、もしかするとお気に召さないかもしれませんが、と前置きして、準備していた本を手渡しました。

飯沢耕太郎『きのこ文学大全』平凡社　２００８年

この本はきのこ好きの著者がきのこの登場する文学作品を集めて紹介したもので、面白い本ではあるのですが、分類でいうと「文学」の棚にあるので先生の目に触れなかったのです。先生のように現実のきのこを集めてきた方にとってはどうなんだろう、と思い、それまでお薦めしていなかったのです。しかし考えてみればきのこの姿をした先生こそ「文学的」な存在であるとも言え……。

「そうですか。あなたが薦めてくれるのなら読んでみましょう」

と言って先生はその本を借りていかれました。

それから数日、先生の姿を見かけることはありませんでした。『きのこ文学大全』はもうひとつだったかな、それとも体調でも崩されたのだろうか。そんな心配をよそに先生はひょっこりと顔を出されました。

「この本は実に興味深い。何度も読み返してしまいましたよ。私は今まで目に見えるきのこしか知らなかった。しかしきのこは人の想像する世界にも生えているのですね、しかも山のように。そう思うとこの図書館というものは、きのこのたくさん生えた森のようなものですね。

これからは私も人の想像の中のきのこを集めることにしようと思います。まずは『鏡花全集』からお願いしましょうか」

先生の顔は新しいきのこを見つけたように輝いていました。

そんな先生がそれからどこへ行ったかというと、実はまだそこのキャレルで本を読んでいるのです。あ、つげ義春もきのこ作家でしたね。

沖縄棚から日本が見える

『沖縄（ウチナー）からは日本（ヤマト）が見える』（永六輔　祥伝社　2000年）という本がありますｏ　いつの頃からか「沖縄から日本が見える」という言葉をよく聞くようになりました。沖縄以外の日本といろいろな点で異なるその島は、日本を見るための窓であり鏡である、という意味だと考えてよいでしょう。だとすると、日本の図書館は（他県に劣らず）沖縄に関するコレクション構築を疎かにしてはなりません。

沖縄、と聞いて何を思い浮かべるでしょう？　世界一青い海に囲まれた、優しくておおらかな人たちの住む、癒しの島？　国内唯一の太平洋戦争での地上戦の舞台であり、深くその傷跡を残す、現在も米軍基地の重圧に苦しむ悲劇の島？

どちらも間違いではないかもしれません。しかし、その二面だけにとらわれていると「沖縄」の本質を見失いかねません。では沖縄の本質とはどこにあるのでしょうか。

美しい自然、亜熱帯の気候、独特な食文化、個性的な言語、絢爛たる音楽・芸能、屹立する文学、馥郁《ふくいく》たる泡盛、それらすべてに育まれ、すべてを育んできたのが沖縄の「人」です。沖縄の本質はその「人」にある、と私は考えます。

では沖縄の「人」を知るためにはどんなコレクションが必要なのでしょう。例えば……。

まぶい組編『島立（しまーりつ）まぶい図書館からの眺め』ボーダーインク 1996年
図書館員は本を知るのが仕事のひとつですので「本についての本」には反応してしまいますね。こちらはフリーライター、学者など28名による沖縄・奄美に関する本100冊のブックレビュー集。沖縄についてどれだけ多種多様な本が存在するか、一目で感じることができます。

編集グループの「まぶい組」。「まぶい」というのは沖縄の言葉で「魂」という意味なので「まぶい組」＝「魂の組」なんですが、「まぶいぐみ」という言葉もあり、これは漢字で書くと「魂込め」、落ちた魂を元に戻すということなのです。どうやら沖縄では魂を落としたり、元に戻したり、ということはそんなに珍しいことではないようです。

編集グループの名前ひとつとってもこれだけ企みに満ちているのですから、本の面白さも想像に難くないですね。ちなみに芥川賞作家の目取真俊に「魂込め（まぶいぐみ）」という作品があります（『魂込め（まぶいぐみ）』朝日新聞社 1999年所収）。

さて、決められたテーマにあった本を持ちより、紹介し、交換する「ブクブク交換」、発表者が本を紹介し、参加者が読みたくなった本に投票、チャンプ本を決定する「ビブリオバトル」など、本をコミュニケーションのツールにしたイベントが人気です。「人」を知るために本を紹介してもらうというのはかなり有効な手段ということでしょう。その意味で沖縄の「人」を知るには沖縄の「本」に聞け、その「本」を知るには「人」に聞け、という本書は沖縄の「本と人」を知るためにうってつけの一冊です。

もう一冊、沖縄の「人」を知る本をあげてみましょう。

小浜司『島唄レコード百花繚乱―嘉手苅林昌とその時代』ボーダーインク　2009年

沖縄のユニークなところのひとつが「民謡」が今も生まれつつあり、愛され続けているところです。もちろん全国各地に民謡はあり、今も歌われていますが「新作」が生まれ、売られているのは沖縄以外ではごく少数なのではないでしょうか。つまり沖縄では今でも音楽が土地に根差した存在である、ということです。文化がフラットになりつつある日本では珍しいことですし、こんなところでも「日本」が失ったものが、そして「日本」が見えてきます。

本書の後半は「島唄（≒沖縄民謡）の神様」と呼ばれた嘉手苅林昌の人生と歌を綴った「スケッチ・嘉手苅林昌小伝」。若き日の放浪の様子や、他のミュージシャンとの交流ぶりから彼の人となりが見えてくる貴重な資料です。嘉手苅について書かれたものは非常に少なく、本になっているのはこの一冊だけのようです。沖縄でもっとも聴かれ、愛された唄者（歌手）の本が一冊あるのなら、これは図書館で収集、提供してもよいのではないでしょうか。しかし実際にはそれほど所蔵されているとは言えません。沖縄県内では（当然とも言えますが）かなりの図書館が所蔵していますので、ここで沖縄県内外の価値観の違いが見えてきます。

さて紹介した二冊はいずれもボーダーインクという沖縄県那覇市の出版社から出されたものです。こちらは「沖縄の本」にこだわったユニークな出版社です。沖縄には他にも独特の本作りをしている出版社があります。県内での需要を見込んだ本もありますが、それだけではなく、日本中で広く読まれてほしいような本もたくさん出ています。県内で出版された本という意味の「県産本」という言葉も定着しつつあります。

また２０１４（平成26）年には沖縄県内の書店員が「今、いちばん読んでほしい本」を選ぶ「第１回沖縄書店大賞」が創設されました。その中で「郷土書部門」を設けたのが沖縄らしいところです。

地域、地元に根差した文化、ということで音楽と同じように出版文化が生きている、と言えるでしょう。このような多様な文化を包摂する社会を支えるのも図書館の役割のひとつではないでしょうか。まずは図書館の「沖縄棚」で本を手にとって、そこから見えてくる「日本」について考えてみたいと思います。

ビール・ビール・ビール

図書館は世界の縮図です。再現でなく縮図ですから、いろいろな歪みが出てくることがあります。メルカトル図法の地図でグリーンランドが大きく表されてしまう、みたいなことですね。しかし歪みがあるからメルカトル図法がダメ、ということではなく、長所や利点がありますから、歪みがあることを意識しながら利用すればいいわけです。ただ、その歪みがどういうものなのか、どうしたらそれを矯正できるのか、ということを考えるのは無駄ではないと思います。

ビールはお好きですか？　私は好きです！　爽やかな苦みと豊かな香り、そして咽越し。私にとっては無くてはならないものですね、図書館と同じぐらい（笑）。もちろん「炭酸はちょっとね」「苦い！」と苦手とする方もいらっしゃいますが、それでも日本で最も飲まれているアルコール飲料です。２０１４（平成26）年の国税庁「酒のしおり」によると平成24年度のビールの消費量は約２６８万５０００キロリットル。清酒の59万３０００、焼酎の90万８０００、果実酒（主にワインのことです）の32万１０００にくらべて、圧倒的に多く飲まれていると言っていいでしょう。

しかし、図書館にビールに関する本がたくさんあるか、というとそうでもありません。例えば某市の図書館で件名：ビール（完全一致）で検索すると117件がヒットしました。件名：清酒では191件、焼酎では51件、ぶどう酒（ワインのことですね）では465件のヒットでした。これはこの市がワインの特産地であるとか、そういうことではありません。どの図書館でもだいたい同じ傾向と考えてもよさそうです。

いくつかの種類のお酒について、実際に消費される量と、図書館で手にとることができるそのお酒に関する本の量がアンバランスであるということは間違いないと言えるでしょう。これが「図書館が世界の縮図であることからくる歪み」のひとつである、と私は考えます。ワインを嗜む人はワインについての本を読むけれど、ビールや焼酎を好む人はそういう本を読まない、とは思えませんからね。

ではこの歪みの原因はどこにあるのでしょう？　お酒と本の商品としての性格の違い？　出版業界のお酒に対する見解？　図書館の仕組み？　それはここでは追究しません。ただ図書館員としてはそんな歪みがあることを意識していこう、と考えます。ビールについて言えば、ビールに関する良い本があれば提供できるようにしておこう、と思うのです。

松平誠編著『プラハの浮世酒場』（岩波書店　1994年）は、プラハのビアホールの魅力、楽しみ方について書かれた本です。それによると「プラハのビアホールのもつ基本的性格とは、コミュニティセンター、それも自治体お仕着せの官製品ではなく、民衆が長いこと時間をかけてつくりあげてきたものである」とあります。これは社会学者のレイ・オルデンバーグが都市の社会的交流に不可欠とする「サードプレイス（自宅、職場ではない第三の場所）」の好例だと考えられます。図書館も第三の場所としての機能を持ち、それを活用していくべきでしょうから、プラハのビアホールに学ぶものがあるかもしれません。

竹内真『ビールボーイズ』（東京創元社　２００８年）は、地ビールを造ることになる主人公と仲間たちの成長と友情を人生の節目ごとの「ビール祭り」を通して描いた小説です。

１９９４（平成６）年の酒税法改正によってビールの製造免許にかかる最低製造数量基準が２０００キロリットルから60キロリットルへと引き下げられ、小規模業者のビール製造への門戸が開かれました。規制緩和によって業界に活況が呈された好例と言ってよいでしょう。

各地で醸造され愛飲されている地ビール（最近では手作りという意味を強調したクラフトビールという名称も定着しつつあります）。同じような材料を、醸造者の技術や工夫と各地の風土で独創的に仕上げていく様子は、全国の個性的な図書館サービスと重なって見えてしまう、と言ったらちょっと酔いすぎでしょうか（笑）？

街の豊かさ、美しさ

「世界一美しい街は？」と聞かれたら「プラハ！」と言いきってしまいましょう。ヴルタヴァ川とそこにかかる橋、シナゴーグ、大聖堂、修道院、路地裏、石畳、路面電車、ビアホール、塔、塔、塔、そしてプラハ城！　もうこれに優る街はありません。「世界中の街見たんかい！」というツッコミには「見なくても図書館に資料があります」と返しておきましょう（笑）。

ということでプラハ・コーナーを作ってみます。

「美しいのはいいとしても、図書館にプラハ・コーナーを作る意味はあるの？」と思われるかもしれません。その（真っ当な）ご意見には、こんな風に答えておきます。

「いつかあなたの街がプラハの姉妹都市になるかもしれません。そのときの準備です」と。

「姉妹都市？　プラハにはもうすでに京都という姉妹都市があるじゃない」ですって？　それはそうですが、ドイツには4市もプラハの姉妹都市があるんだから、まあいいじゃないですか。

しかしプラハについての本が十分たくさんあるか、というと残念ながらそうでもありません。他の大都市、例えばパリやロンドン、上海やソウルやニューヨークに比べると資料の数が少ないことは否定できません。旧共産圏の都市に関する情報が少なかったことは歴史的経緯から仕方ないのかもしれませんが、ビロード革命は1989年のことですし、もはやプラハは観光都市で日本からの旅行者も少なくありません。これから情報量が増えてくることは想像に難くないですので、資料の充実は図られてもよいでしょう。

ではどんな資料を収集、提供していったらよいか。

プラハ、というと真っ先に思い浮かぶ作家はフランツ・カフカです。カフカはチェコ語ではなくドイツ語で書いています。またプラハの大学に学び、教鞭を執った作家ミラン・クンデラは、チェコを離れフランス語で多くの作品を発表しました。このあたりがプラハの文化を複雑に、陰影豊かにしている要素でもあります。

ヴラスタ・チハーコヴァー『新版　プラハ幻景　東欧古都物語』（新宿書房　1993年）はプラハ生まれで日本に留学、日本人と結婚し東京に住んだ美術評論家がプラハの魅力をさまざまな角度から描いた本です。第一章のタイトルが「プラハはなぜ美しい」ですから、郷土愛にあふれています。

歴史や建築物の紹介というオーソドックスな記述から、プラハのお化け（プラハの河童はひと味違う！）やドアと鍵といったディテールの考察にいたるまで、読み応えたっぷりの街案内になっており、読み進むほどに街がまるで人間であるかのように感じられてくるのです。

チハーコヴァーは、中世から各国の芸術家、科学者がプラハを訪れ、多くの芸術品を残したことについて「プラハの建築物や芸術品は、様々な文化的影響の交叉から生まれでたハイブリッドな作品」と書いています。これはプラハの魅力を上手く表現していると思います。

また内容以外にこの本が特徴的なのは、チェコ人の著者が日本語で書いているところです。プラハを知る人が日本人に向けて書いているわけで、読みやすく、響きます。

プラハを知る人、ということでもう一冊あげると、千野栄一『プラハの古本屋』（大修館書店　1987年）もプラハ探求には必読の書と言えるでしょう。言語学者で、カレル・チャペックやクンデラの翻訳でも知られる千野氏は1950年代から1960年代をプラハで過ごしています。その時代の古本屋さんの様子を描いたエッセイを読むと、日本人が見たリアルな「共産主義下のプラハ」の状況が見えてきます。また本書にも河童が登場するのは偶然ではないでしょう。プラハは河童の街でもあるようです。

この二冊、どちらも著者が「プラハを愛していること」「ハイブリッドな文化創造に貢献していること」という共通点があります。プラハの魅力は「街を愛する人」がそのことを本にすることによって増幅されているように感じられます。

図書館はそんな「街を愛する人」の本を収集し提供することでハイブリッドな文化の創造を支援し、そのことで街を豊かにし、美しくすることに貢献できるのでは、と考えています。

というわけでプラハ・コーナー、どうでしょう?

「橋を渡りたいわ」と彼女は言った

というわけで彼女と彼と私はいくつもの橋を一緒に渡ることになった。最初は歩いていける、近所の川にかかった橋。広い歩道を三人横に並んで歩き、橋を渡り終えると彼女は言った。

「私、橋を渡るのが好きなんだな」

それをきっかけに熱病のような橋ブームが来た。私たちは地図を広げ、どこに橋があるかを確認した。そして歩いたり、自転車に乗ったり、電車やクルマで目的地に行き、橋を渡った。休日はすべて橋のために費やされ、私たちの陣地は着実に広がっていった。

「なんでそんなに橋が好きなんだ?」と私と彼は聞いた。

「なんでだろう? わからないわ」と彼女は答えた。

ある日私は橋の本を読んでみよう、と思い立った。橋の本を読めば橋について何かわかるかもしれないし、橋について何かわかれば彼女について何かわかるかもしれないと考えたのだ。

駅前の本屋に行って探したが、「橋の本」なるものは見つからなかった。店員に尋ねたがあまり要領を得ない。隣駅の大きな書店で探そうかとも思ったが、まだ行ったことのない近所の図書館のことを思い出した。行ってみよう。

図書館は思ったよりも大きく、雰囲気は明るく、なにより本がたくさんあった。これなら橋の本もみつかるかもしれない。しかしどこから探していいものか。やみくもに本棚の間を歩いているとエプロン姿の男性の職員が歩いていたので声をかけてみた。

「あの、橋についての本ってありますか?」

「橋、ですね。ええ、ご案内します。こちらへどうぞ」

案内された先には橋についての本があった。数十冊ぐらいだろうか。

「ありがとうございます」

「いえ、ごゆっくりどうぞ」

適当に選んで、近くの椅子に腰かけて読んでみた。

デビッド・J・ブラウン『世界の橋』丸善　2001年
副題には「3000年にわたる自然への挑戦」とある。3000年……。起源に始まって、歴史や構造、さまざまな橋の種類、そして未来へ向けた展望まで書かれている。用語解説や索引もあって、なんだか急に橋のことがわかった気になる。これは借りていってじっくり読もう。そして彼と彼女にも読ませてやろう、と思った。

それからは橋の攻略に加えて、図書館で時間を過ごすのが私たちの休日になった。図書館のソファやキャレルでめいめい好きな本を（といってもみんな橋の本だったわけだが）読んだ。まだ見ぬパリやプラハの橋の写真を見て、いつか三人で行こう、と話した。

私は「橋についての物語」が書かれている本をよく読んだ。成瀬輝男の『ヨーロッパ橋ものがたり』（東京堂出版　1999年）や三谷康之『事典・イギリスの橋』（日外アソシエーツ　2004年）などが特に面白かった。

彼はどちらかというと技術書や専門書を好んで読んでいたようだった。

彼女は絵本、小説など、橋に関するものならなんでも、といったところ。これは、最初に出会った図書館職員の男性（「司書」という言葉はそのとき知った）に教わることが多かった。私たちの求めに応じて、彼は橋に関する本を実にたくさん紹介してくれた。マーシャ・ブラウンの『三びきのやぎのがらがらどん』（福音館　1965年）もその中の一冊。三人とも子どもの頃に読んでいた本ではあったのだが、「橋」と結びつくことで、再びお気に入りの一冊になったのだった。

そのことを伝えると司書さんは面白がって私たちを「がらがらどんさん」と呼ぶようになった。私たちもそれを楽しんだ。さしずめ私は「中くらいのやぎのがらがらどん」というわけだ。

もう図書館にある橋の本はほとんど読んでしまったかな、と思った頃、司書さんが教えてくれたのがゲオルク・ジンメルの『ジンメル・コレクション』（筑摩書房　１９９９年）だった。司書さんは私たちに本を紹介するときに、たいがいその本が置いてある場所に連れていって、本を手渡してくれた。「橋」のコーナーだけでなく、文学や絵本、ときには民俗学の棚にも「橋の本」はあったが、『ジンメル・コレクション』は哲学のコーナーにあった。不思議そうな顔をしていたであろう私に、司書さんは「まあ、読んでみて」と笑った。

その本の中には「橋と扉」というエッセイがあった。少し難しかったが、読んでいくと橋という存在に私たちが魅かれる理由が書かれているように思えた。

人間は、事物を結合する存在であり、同時にまた、つねに分離しないではいられない存在であり、かつまた分離することなしには結合することのできない存在だ。だからこそ私たちは、二つの岸という相互に無関係なたんなる存在を、精神的にいったん分離されたものとして把握したうえで、それをふたたび橋で結ぼうとする。

司書さんにお礼と感想を伝えたついでに、私はこんなことを口にした。

「この本も橋のコーナーにあればいいのにね」

するとと彼は答えた。

「うーん、それは……、なかなか難しいぞ。君が司書になってそんな棚を作ってみればいいんじゃないかな?」

次に図書館に行ったとき、テーマブックスのコーナーには「橋を渡って扉を開け」というタイトルで、私たちが読んだいろいろな橋の本に加えて扉に関する本が並べられていた。

司書さんを見つけて「やったね」と声をかけると「橋の棚とまではいかなかったけどね」と笑った。

それからも彼と彼女と私の橋行脚は続いたけれど、私の関心は橋から図書館に移っていった。そして司書の資格を取り、図書館に職を得た。彼は橋梁デザインをする会社で働くことになった。彼女もまた違ったかたちで橋と関わる仕事をみつけた。

ミラボー橋の下をセーヌが流れたように（アポリネールも司書さんに教わったのだ）、私たちにも時間が流れた。「月日は流れ　わたしは残る」。結婚という橋はふたりで渡るもののようだ。彼と彼女は向こう岸に渡り、私は残った。

中野京子の『橋をめぐる物語』（河出書房新社　２０１４年）は面白かったよ、と久しぶりに電話してみようか。また昔のように話せるだろう。

内野　安彦（うちの・やすひこ）

図書館で酔ってみたい

私のフェイスブックの友達は200人ほど。仕事柄、大半が図書館員や図書館関係者。投稿される三大トピックスというと、読後の感想等を含む本の話題、研修・講演会の周知や受講後の感想、そして、飲食の話題。なかでも、訪ねた先で出会った日本酒のラベルを紹介する人が少なくありません。男性も女性も、図書館員は総じて酒が好きか、下戸でも酒席が好きな人が多いようです（出典はありません）。もっとも、それは私の友人に限ってのことかもしれません。

先にことわっておきますが、私自身、呑兵衛であることは否定しません。ウイスキーグラスで泳ぐ氷を見ながら飲む一人酒も嫌いではありませんが、気の合った仲間と飲みながら、呵呵大笑しているのも至福のときです。

鹿嶋市役所に入所したての頃、某先輩から説かれた酒席でのルール、それは「酒が不味くなるから仕事の話はするな」でした。以来、励行してきたつもりですが、仕事の話もそれはそれで悪くはありません。ただし、部下や上司の悪口に終始するのはいただけません。

酒と言っても、好みの酒類はさまざま。ブランドもそれぞれにこだわりがあります。なかでも清酒は、日本の酒ということもあり、蔵元の数、商品の数は国内ではダントツです。ビールなら○○、ウイスキーなら□□と、好きな銘柄は概ね決まっていますが、清酒は違います。地酒の一升瓶が所狭しと並ぶ居酒屋に入れば、自分の舌に合った清酒に出会えるかどうかも楽しみの一つ。酒席の話題も、地酒でふるさと自慢や、旅先で飲んだ地酒の思い出話など、これまた他の酒類と趣が違います。

さて、国税庁の清酒製造業の概況（平成25年度調査分）によると、国内には1511の蔵元があるとのこと。近年、右肩下がりのようではありますが、それでも、公共図書館の約半分に匹敵する蔵元があり、日本酒造組合中央会の組合員数（2014年6月11日現在）は、清酒が1508、単式蒸留焼酎が271となっています。

図書館に行って、酒類の本を探したいのであれば、588の請求番号の棚に行ってください。ここには、ワイン、ビール、清酒、焼酎など、さまざまな酒の本が排架してあります。ただし、「酒と健康」「酒の肴」となると、それぞれ別の棚となるので、ご注意を。

全国の図書館を訪問し、この588の棚を見て、これまで感じていた疑問は「なぜ、居酒屋には地酒が置いてあるのに、図書館には地方出版社で出された地酒の本がないのだろう」ってこと。東京に本社を置く出版社が刊行した「地酒の本」は所蔵してあっても、これは、全国や特定地域の酒の一部を取り上げたもの。やはり、地元の出版社が地元の酒について編んだ本が図書館にあってもいいと思うのです。調べてみたら、47都道府県すべてとは言えませんが、岩渕公二『岩手の酒蔵』（岩手日報社、1998年）、『にいがた日本酒手帖』（ニューズ・ライン、2012年）、『茨城の酒と蔵』（茨城新聞社、2002年）、高橋清隆『静岡県の地酒』（静岡新聞社、1991年）、山田二良『奈良の銘酒』（京阪奈情報教育出版、2011年）、吉田類『吉田類の土佐酒note』（高知新聞総合印刷、2012年）など、かなりの数に上ります。

おっと、酒と言えば、清酒じゃなくて焼酎でごわす（正しくなければ御免なさい）、と鹿児島の方に叱られるといけません。地元の出版社の本としては、『鹿児島の焼酎』（斯文堂、2003年）などがありますね。地元の出版社による「地酒」ならぬ「地元本」ならではの味わいを図書館で発見し、楽しみたいものです。

ちなみに、滋賀の日本酒を愛する酔醸会編『近江の酒蔵』（サンライズ出版、2005年）は、滋賀県内の図書館は大半が所蔵していますが、他県ではまったく所蔵館のないところも少なくありません。「他県のものまで収集できません」と言われそうですが、すべての図書館で収集すべきなどと言うつもりは毛頭ありません。地元に酒蔵があり、地域ブランドとして清酒を観光に活かそうとしているなら、せめて図書館は、地元ブランドと関連する出版物を積極的に集めてほしい、と思うのです。

予算が沢山に必要なものではありません。図書館に行けば、地元の書店では（絶対に）目にすることのできない地方出版社の、しかも、地域ブランドに関する本が置いてある。それって、図書館だからできる仕事じゃないでしょうか。

ところで、酒と言えば、京都市が全国で初めて制定し、２０１３（平成25）年1月15日に施行した「京都市清酒の普及の促進に関する条例」が端緒となり、全国に「乾杯条例」の制定の動きが広まっています。乾杯条例と言っても、清酒全般、地酒、ワイン、ビールなど酒類もさまざま。さらに地元産業製品の酒器の普及も図る等、条例の狙いはいろいろあるようです。要は地元ブランド品の普及で活性化を図ろうというもの。２０１４（平成26）年11月29日（土）には「日本酒条例サミット.in京都」が開催され、北海道から九州までの乾杯条例制定44自治体、約50の蔵元が京都に集結したとのこと。

京都市のこの条例の注目すべきところは、議員提案による条例であるという点。国会における法案の提出も同様ですが、地方自治体においても、条例を議員が提案することは極めて稀です。こうした動きに図書館は敏感であってほしいですね。条例が制定されたら、いや、条文制定の動きをキャッチしたら、図書館は徹底して資料を集める。図書館の迅速な行動が議会議員の目に留まれば、図書館への理解を促すことになるのではないでしょうか。当然、乾杯条例の制定された自治体の図書館は、関連資料の収集に努めてほしいのは言うまでもありません。

乾杯条例のみならず、金太郎飴だった条例が、近年、かなりユニークな表現で制定され始めています。青森板柳町の「りんごまるかじり条例」、青森県鶴田町の「朝ごはん条例」、長野県松川村の「すずむし保護条例」、鹿児島県志布志市の「子ほめ条例」など、枚挙に遑がありません。一つ話題になると、同じような条例の制定が全国に広がるのが常ですが、図書館の資料が議員提案の条例案のヒントとなるような場所となれば、図書館の存在はもっと認知されると思います。

また、酒に関して言えば、池波正太郎、吉行淳之介、山口瞳、開高健、浦西和彦、重金敦之など、酒の薀蓄について酒脱な文章を書いている作家、酒と文学に通暁する研究者の著作など、酒を地域ブランドにしている自治体の図書館であれば、こうした文芸作品を別置し、利用者との出会いを演出してほしいと思います。酒の匂いではなく、酔える文章に誘ってほしいものです。

いずれにしても、図書館がコレクションを通じて地域に貢献できる可能性、未利用者の開拓の可能性はいくらでもあると思います。趣向を凝らしたイベントの開催による集客もいいですが、資料収集や排架方法による利用者開拓の可能性を探ってほしいですね。

今夜はちょっと居酒屋で一杯ではなく、今日は図書館に美味い酒を探しに行こう、っと。

自動車文化を考える棚

各種メディアの報道によると、2014(平成26)年の世界の新車販売台数は8720万台。上位メーカー10社に日本のメーカー（グループ）が4社ラインクインし、しかも、トヨタは3年連続の1位。日本は押しも押されもせぬ世界有数の自動車生産大国なのです。しかし、自動車に使われる電子機器の性能では他国の追随を許さない国産車ですが、自動車文化という広い観点で見ると、かつて日本がその技術を追い求めた欧米諸国の域に至っているでしょうか。はなはだ疑問と言わざるを得ません。

さて、いきなり「自動車文化」って言われても、そんな言葉があるの、と怪訝な顔をされる読者がいるかもしれません。日本が欧米先進国の自動車メーカーのノックダウン生産（外国や他企業で生産された製品の主要部品を輸入して、現地で組立・販売する方式）をしていた1950年代は、国内の自動車産業の黎明期。しかし、それ以前に、我が国には自動車文化研究所なる機関があり、『東亜自動車年鑑』なるものを編集していました。また、普通免許試験の問題集や法令集などを編集していた日本自動車文化協会（1950～1994年）といった組織もありました。

一般財団法人日本自動車文化振興会という組織もあります。当法人のホームページによると、「自動車産業を文化として捉え、サーキット走行を楽しむ事を基本に、モータースポーツ競技会や運転技術向上と安全、青少年の健全な精神育成の振興と普及増進を図ること、また自動車産業全体の発展に不可欠な次世代環境技術研究の振興と普及を図ることを目的とする」とあります。

2009（平成21）年を最後に行われていませんが、自動車文化検定委員会主催となっていたものの、実質的には『カーグラフィック』『NAVI』の出版社である二玄社が行っていた自動車文化検定なるものもありました。

また、タグ・ホイヤーの主催で2011（平成23）年に設けられた、「ジャパン・モーター・レーシング・ホール・オブ・フェイム」には、「レーシングレジェンド」「デザイナー／エンジニア」などの部門に並んで「自動車文化人」の部門があります。

このように、「自動車文化」とは、一つの「世界」を持っています。例えば、図書館員の倫理綱領の第12に記されている「出版文化」という言葉以上に、社会に認知されている言葉と言えなくもありません。

この「文化」を裏付けるように、単に自動車（この場合は二輪車を除く）と言っても、書店の雑誌棚には、新車、旧車、中古車、国産車、外車、四駆、メカニック、ドレスアップ、チューニング、レースなど、多種多様なコンテンツの雑誌が並んでいます。自動車と一言で括れないほど、趣味性の高い世界なのです。この点、二輪車、飛行機、電車などの「乗り物」に比べ、自動車に関しては、数百誌（地域限定誌も含む）の発行点数がそれを物語っています。

しかし、図書館の雑誌や本の所蔵状況はどうでしょうか。自動車雑誌は多くても2～3誌。『月刊自家用車』（内外出版社）、『カー・アンド・ドライバー』（ダイヤモンド社）、『カーグラフィック』（カーグラフィック）といったところが定番。旧車系の『ノスタルジックヒーロー』（芸文社）、外車系の『Ｔｉｐｏ』（ネコ・パブリッシング）、メカニック系の『自動車工学』（鉄道日本社）となると、人口20万人未満の都市の図書館では、なかなか見かけることはありません。

百花繚乱の雑誌に比べると、刊行点数が極めて少ないのが日本十進分類法の５３７（自動車工学）の非ビジュアル系。自動車関連の多くの単行本やムックは、車種別、メーカー別など、写真中心のソフトカバーのビジュアル本が大半。この種の本は、先述したように、あまりに個々の趣味性が強く、とても図書館で偏りなく所蔵するのは困難です。しかも、かなりの刊行点数となるので、限られた予算でカバーすることは無理です。しかし、ハードカバーで自動車文化を論じたものはそれほど多くはありません。要は、写真を中心にした本が多く、活字中心の本が少ないというのが537の棚の特徴と言えます。

現在、国内には自動車メーカーの組立工場、部品製造工場が70以上あります。工場のある地方自治体にとってみれば、雇用や税収などの地域貢献も大きなものがあります。熊本県の某図書館に寄った時のこと、図書館でめったに目にすることのない雑誌がありました。それは、特定の自動車メーカー名がタイトルとなった『ホンダスタイル』（ネコ・パブリッシング）という季刊誌。恐らく、国内の図書館でコレクションしているのは10館に満たないのではないかと思います。一瞬、この選書を不思議に思いました。しかし、このまちに本田技研工業の工場があると知り納得しました。むしろ、こうした選書ができる図書館員のセンスに脱帽しました。たった一冊の雑誌から、まちの産業を知り、図書館の姿勢を垣間見ることができ、とても嬉しい発見でした。

さて、自動車文化に戻ります。先述した自動車関連の工場のある自治体はもちろんのこと、それ以外の自治体の図書館でもワクワクするような棚にしてほしいものです。となると、どうしても537だけで「魅せる棚」にするには限界があります。そもそも自動車は、その動力性能のみならず、デザインも販売の成否の鍵を握っています。1950年代から60年代にかけて、主にアメリカの大型車に採用されたテールフィン、スーパーカーに主に採用されたガルウィングなど、そのビジュアルなデザインは、写真やイラストでさらに輝きを増します。

537の棚が総じて貧相なのは、棚差しだけで表紙見せしていないこと。ここに726の『一台の車　トップイラストレーター7人のカーロマン』（アーバン・ナウ出版事業部　1989年）と、鈴木英人、BOW、わたせせいぞう、今村幸治郎などの本を数冊、表紙を見せて排架するだけで、書架は一気に輝きを増します。しかも、7類の美術書の中で、他の資料に挟まれ居心地の悪かったイラスト集が、537の棚で関連資料と並ぶことで、利用を促す相乗効果となります。

726ついでに言えば、西風の『GT roman』がさりげなく置いてあったりすると、「やるな、お主」と、唸ってしまうかもしれません。そして、カウンターや事務室が覗ける設計ならば、この排架の担当者は誰だろう、とウロウロするマニアがいるかもしれません。

文藝別冊「KAWADE夢ムック」の幸せ

皆さんは、購入しても直ぐに読まない本ってありませんか。もったいなくて頁がめくれない。大好きなヒト・モノ・コトが書かれている本。しかも活字が中心であっても、多少のビジュアル性もある。装丁がしっかりしているので、本棚に並べてもきちんと立っている。しかも、叢書なので、見栄えのいい背表紙が書架に並ぶ。書店で手にした時から、家に帰るまでずっと「幸せ」で体中が満たされる。私の場合、その一つが河出書房新社の「文藝別冊　KAWADE夢ムック」シリーズです（同出版社には、非常に似た人文系の叢書として「KAWADE道の手帖」というものがありますが、本稿では扱いません）。

河出書房新社のホームページで調べると、これまで刊行された点数は230点ほど。国立国会図書館で調べても、ほぼ同じ点数でした。もっとも、本稿は正確な発行点数に依拠して論を進めるものではありません。また、叢書としての「KAWADE夢ムック」すべてではなく、「文藝別冊」に限定している点を先におことわりしておきます。

さて、この「文藝別冊　KAWADE夢ムック」で扱うジャンルは、小説、映画、漫画、音楽などさまざま。作品の多くは斯界の個人（グループ）の特集ですが、「作家と犬」「作家と猫」「GS新たなる旅立ち」「J－フォトグラファー」などの特集本もあります。ただし、これは2000（平成12）年頃に顕著に見られた編集で、基本的には個人あるいはグループを、複数の作家・評論家・研究者等が書いた本。本書を手にしたことのある読者であれば、「あぁ、あの本ね」と、おわかりのことと思います。

さて、この本ですが、新刊が出ても、中小書店においては、文芸棚か新刊棚に、せいぜい一冊が棚差しで置かれるにすぎません。目ざとく店頭でそれを見つけた「ファン」が、偶然の出会いに欣喜《きんき》雀躍《じゃくやく》して会計に持っていけば、あとはそれまで。書店から一冊追加注文が入るということは少ないのではないかと思います。

書店の新刊棚で現物を探すよりも、ネットや専門誌等で発行情報を入手される読者であれば、早々と書店に予約するか、ネット書店で購入、となります。しかし、普段からこういう情報収集している方を除き、地方の中小書店の店頭で、偶然この本と出会う「幸運な読者」は極めて少数ではないでしょうか。

叢書をどう排架するかは、図書館にとって悩ましい課題の一つ。叢書と単行本を混配することで、同種の主題資料への利用者のアクセスを容易にする場合と、逆に書店のように叢書として排架することで、利用者は資料が入手しやすい場合があります。主題を優先すべきか、叢書の性格を優先すべきか、の選択です。

さて、この文藝別冊ですが、図書館では叢書として排架されているところは、私自身、400館を超す国内の図書館めぐりで一館も出会ったことはありません（ただし、見逃している可能性もあります）。それ以前に、この叢書自体があまり収集されていません。政令指定都市の図書館ですら、刊行点数の数割しか所蔵していない館もあります。

さて、作品にもよりますが、この叢書は、だいたい刊行後10年で品切れ・重版未定となっているようです。人気のある個人（グループ）は増補改訂版が出版されます。ちなみに、これまでに30人近くが増補改訂されています。かなりのロングセラー商品で、図書館向きの作品と思いきや、先述したように、積極的、網羅的に収集している図書館がほとんどないのが不思議なくらいです。

図書館サービスが盛んな滋賀県ですら、『追悼 ルー・リード』（2014年1月刊）を所蔵しているのは県立図書館のみ。ルー・リード自体が、日本ではややマニアックなロックシンガーであることは否めませんが、このコレクションの現状は寂しさを覚えます。ジャズメン屈指のメジャーなマイルス・デイビスにしても、2001（平成13）年に刊行された『マイルス・デイビス没後10年』の所蔵館は、県立図書館ほか5館に過ぎません。

この叢書は、フランス料理の伝道者の辻静雄、脚本家の木皿泉、小説家の菊地秀行など、個人評伝として書かれたものが少ない人を作品化するのもシリーズの特徴の一つ。表のように、一部、多数の個人評伝が発行されている人もいますが、マニアックなラインナップであると思います。それなのになぜ、図書館にはあまり蔵書がないのでしょうか。それとも、利用が少ないなどの理由で、既刊本の多くが除籍されてしまったのでしょうか。

私は小説でも絵画でも音楽でも、気にいった作家・アーティストは、作品を追いかける前に、その人自体に関心が向きます。どんな来歴なのか、それが作品にどのように影響を及ぼしたのかなど、それを下地にして作品を読む（観る・聴く）のがスタイル。5年間勤めた長野県塩尻市立図書館では、作家評伝と作品（小説やエッセイ）は、日本十進分類法の請求番号は違いますが、関連情報に利用者が辿り着く確率を少しでも高めようと、個人評伝と作品は棚を分けずに、作家別に排架しました。

今、私が自由にコーナーをつくれるとしたら、多分、日本で唯一になるかもしれないコレクションとして、この叢書の全刊行作品を収集し、「文藝別冊　KAWADE夢ムックコーナー」として独立した棚をつくりたいですね。排架はすべて表紙見せ。図書館と書店の最大の違い

ジャンル	主な評伝
映　画	庵野秀明、押井守、小津安二郎、五社英雄、神山健治、若松孝二
音　楽	カルロス・クライバー、グレン・グールド、フルトヴェングラー、加藤和彦、チャーリー・パーカー、メタリカ、ニルヴァーナ、セックス・ピストルズ、ドアーズ
その他	柳澤桂子、花森安治、白洲次郎、本田靖春
小説等	岡本綺堂、中上健次、団鬼六、内田百閒、森茉莉、佐野洋子
漫　画	江口寿史、岡崎京子、やまだないと、吉田戦車、高橋葉介、諸星大二郎

は、図書館は重版未定・絶版の資料を数多く所蔵すること。この違いが利用者に一目瞭然でわかるのは、コレクションの排架方法が決めて。しかし、図書館の書架は規則正しく並んでいるだけで、関連資料が発見しにくいのです。叢書には、シリーズ編集のそれなりの意味があるはず。本叢書は刊行開始から15年余。文庫や新書等の叢書は除いて、ここまで続くものはそう多くはありません。年間点数は20点ほど。2014（平成26）年は、これまでで一番多い30点を数えました。価格は1500円ほどでリーズナブル。しかも、「文藝」という言葉が芸術全般として扱われているため、普段は関心が向かなかったジャンルへの発見にも繋がります。

利用者の求める著名な文学賞の受賞作を、予約が多いからと複本で収集するのも一つの公共サービスだとは思いますが、利用者の知らない（知る機会の少ない）世界に誘うのも図書館の大切な「公共サービス」の仕事であると思います。

資料の収集は、その資料の見せ方一つで、利用の多寡に大きく影響します。それは資料の回転数を伸ばすという意味だけではありません。利用者の情報へのアクセスを容易にし、時には読者の先回りをして道案内することです。

「探していた本が図書館にあって良かった」と利用者に喜ばれること。図書館はそれだけではありません。「図書館で、未知の本に出会えて良かった」と利用者に喜ばれることも重要です。出会いの演出こそ、プロの仕事であり、醍醐味だと思います。

書店を営む友人曰く「動かない（売れない）本があれば、どうしてだろう、と考える。そして、動くようにと、工夫するのが本屋。単に商品が売れればいいのではなく、特に自分がこだわって仕入れた本は、何が何でも読者に巡り会ってほしいのだ」と。

おわりに

図書館員が絶対に愛さなければならないもの。それは「人」「地域」「本」の三つだと思います。この三つが好きな図書館員に声をかけました。「こんな企画で本を編みたいのだけれど、一緒にやらないか」と。

構想から一年余。想定していた以上に、面白い本になった、と思っています。多分、本著を読まれた一般の読者の方は、公共図書館と出版流通の課題や、図書館のコレクションや排架に関心を持たれたのではないかと思います。一方、現職の図書館員、またはOBの方の中には、私も書きたい、私ならもっと面白いものが書ける、そう思った方が少なくないと思います。

ホームページや図書館だよりなどで目にする図書館員のレビューは、いずれもすばらしい文章なのですが、どうしても表現が固くなりがち。でも、フェイスブック等で、図書館員のはっちゃけたレビューを読むたび、こっちの方が面白い、と常々思っていました。そんなとき、知人を通じて紹介していただいた大学教育出版の安田さんが、〝柔らかな表現〟で図書館員がコレクションを語るという本の企画に、関心を示してくれました。

執筆者の選定にはそれほど苦労はしませんでしたが、直接、顔を合わせて意思疎通できない遠隔地の皆さんとのやりとりに悩まされたのは事実です。私自身、編者としての力不足は否めず、詳細は控えますが、多くの反省・課題の残るものでした。

本著は、これで何かを解決するものではありません。図書館のコレクションというものを対象として考えれば、極めて不十分な、やりっぱなしの仕事としての印象は払拭できません。

図書館サービスがさらに充実し、まちの書店がもっと元気になる。本著が、この思いに賛同・支持していただける方々による、さらなる闊達な議論の端緒となれば幸いです。

平成27年10月吉日

内野安彦

■編著者紹介

内野　安彦（うちの・やすひこ）

1956（昭和31）年茨城県生まれ。茨城県鹿嶋市役所に28年、長野県塩尻市役所に5年勤務。両市合わせて33年間の市役所生活で、図書館勤務年数は14年。2012（平成24）年3月に塩尻市役所を早期退職。

現在、常磐大学、十文字学園女子大学、熊本学園大学、同志社大学、松本大学松商短期大学部で司書及び司書教諭養成科目を担当。筑波大学図書館情報メディア研究科博士後期課程中退。

ちょっとマニアックな
図書館コレクション談義

二〇一五年十一月十五日　初版第一刷発行

■編　著　者――内野安彦
■発　行　者――佐藤　守
■発　行　所――株式会社大学教育出版
〒七〇〇－〇九五三　岡山市南区西市八五五－四
電　話（〇八六）二四四－一二六八㈹
ＦＡＸ（〇八六）二四六－〇二九四
■印刷製本――モリモト印刷㈱
■Ｄ　Ｔ　Ｐ――北村雅子

ISBN978－4－86429－382－2